大学生自我管理教育与实践

（校园活动）

主编◎何 兴 陈 亮

四川大学出版社
SICHUAN UNIVERSITY PRESS

图书在版编目（CIP）数据

大学生自我管理教育与实践．校园活动／何兴，陈亮主编． — 成都：四川大学出版社，2023.9
ISBN 978-7-5690-6312-7

Ⅰ．①大… Ⅱ．①何… ②陈… Ⅲ．①大学生－自我管理－研究 Ⅳ．①G645.5

中国国家版本馆CIP数据核字（2023）第152276号

书　　　名：	大学生自我管理教育与实践（校园活动）
	Daxuesheng Ziwo Guanli Jiaoyu Yu Shijian (Xiaoyuan Huodong)
主　　　编：	何　兴　陈　亮

选题策划：王小碧
责任编辑：王小碧
责任校对：廖仁龙
装帧设计：墨创文化
责任印制：王　炜

出版发行：四川大学出版社有限责任公司
　　　　　地址：成都市一环路南一段24号（610065）
　　　　　电话：（028）85408311（发行部）、85400276（总编室）
　　　　　电子邮箱：scupress@vip.163.com
　　　　　网址：https://press.scu.edu.cn
印前制作：成都墨之创文化传播有限公司
印刷装订：成都市新都华兴印务有限公司

成品尺寸：170mm×240mm
印　　张：12.5
字　　数：185千字

扫码获取数字资源

版　　次：2023年9月 第1版
印　　次：2023年9月 第1次印刷
定　　价：39.00元

四川大学出版社
微信公众号

本社图书如有印装质量问题，请联系发行部调换

版权所有 ◆ 侵权必究

前言
Preface

人才是一个国家发展的基础。国家发展靠人才,民族振兴靠人才。改革开放40多年,中国特色社会主义进入了新时代,我国经济发展也进入了新时代,新时代对人才的需求亦随之改变。新时代的发展需要"新人才":德智体美劳全面均衡发展,具备较高的自我管理水平,能够独立自主地处理学习、工作和生活之间的关系,能将个人各项特点和能力有机结合。

高等学校作为人才培养的重要场所,肩负着为国家建设和发展输送人才的重要责任和使命。新时代党和国家对高等学校人才培养、学生管理也提出了新要求。中华人民共和国教育部令第41号《普通高等学校学生管理规定》第一章第三条指出,学校要科学管理,健全和完善管理制度,规范管理行为,将管理与育人相结合,不断提高管理和服务水平;第一章第五条明确提出实施学生管理应鼓励和支持学生实行自我管理、自我服务、自我教育、自我监督。大学生自我管理是高校大学生管理工作的重要组成部分,是高校治理方式和治理能力的重要载体。高校如何利用自身资源和优势,开展好大学生自我管理工作,培养符合新时代需求的人才,是新时代高等教育的重要命题。

在我国高等教育改革发展历程中,为把大学生培养成合格的社会主义建设者和可靠接班人，教育工作者在大学生自我管理方面付出了大量的心血和精力，采取了许多有效措施，进行了许多尝试和探索。但受环境、观念、资源、投入等因素的限制和影响，在这个过程中若没有激发大学生的主观能动性，没有发挥大学生"自我"的主观作用，忽视了大学生自我管理能力的培养，大学生缺乏自我认知教育、无法自我调控，那教育工作者采取的各种教育措施的效果将大打折扣，大学生自我管理教育的实际效果也会明显降低。

因此，在新时代背景下，高校大学生管理工作应创新学生管理工作理念，要坚持以"学生为中心"的教育理念，变学生管理为学生自我管理，师生共同参与、团结协作，在学生管理与自我管理中不断加强学生教育和学生自我教育、学生服务和学生自我服务，达到管理育人与管理育己的统一，以实现新时代高等教育的人才培养目标。

大学生自我管理教育是现代大学校园教育的一项重要内容，是充分体现"以人为本，以学生为主体"的人性化教育，而校园文化是一所大学所特有的物质文化、制度文化、行为文化和精神文化的总和，对大学生的教育起到潜移默化的作用。校园文化是学校发展的灵魂，是凝聚人心，展示学校形象，提高学校文明程度的重要体现。良好的校园文化可以陶冶学生的情操，启迪学生心智，促进学生的全面发展。

大学校园文化活动，是校园文化的载体和主要表现形式，在校园文化中占据着举足轻重的地位。大学校园文化活动是在特定的环境中，为实现高校培养和造就合格人才

前 言

的目标体系而实施、传播的与身心健康直接相关的实践活动，具有特定性、时代性、继承性、发展性和互动性等特征，在高校教育中起着促进学生综合素养的全面提高、促进学生社会活动能力不断增强的作用。大学校园文化活动在本质上是大学生自主探索学习的实践延伸（如依托专业背景成立学生专业类特色社团），是提升自身综合素养的实践平台（如自我管理能力、组织沟通能力、团队写作能力等）。开展全方位、多层次、高质量、形式多样的大学校园文化活动，不仅能对大学生产生强烈的吸引力和凝聚力，还能增强大学生的社会实践活动实效和激发大学生自我管理的潜力。

大学生在设计、组织、实施各类大学校园文化活动时，应遵循多元性原则、普及性原则、公平性原则、安全性原则、开放性原则、持续性原则，以确保活动健康、有序和有效进行，促进大学生全面发展。大学生自我管理、自我发展和自我服务在这一过程得到充分体现。

绵阳城市学院在教育综合改革的过程中，十分重视大学生的自主管理；在培养学生自主管理的过程中，开发了一系列特色化的自我管理、自我服务、自我价值实现教育课程，目的是通过课程来实现"教中做""做中学""学中悟"的育人目标，最终达到培养"有理想、多专多能、创造型"人才的育人成效；通过"活动项目化、项目课程化、课程特色化"的设计理念，将传统的以学校团委、教师为主导的校园文化活动变成特色化课程教学，将原来的团委教师策划组织模式变为教师指导学生策划实施的新模式，将教师主导改为学生主导，并在此过程中通过理论教学和实践教学相结合的模式，将"活动策划与方案撰写""活动组织与执行"两大核心课程内容予以实践，锻炼学生策划能力、文字表达能力、思维能力、决策能力、执行能力、协调能力、人际交往能力、审美能力、团队合作能力等。

《大学生自我管理教育与实践（校园活动）》一书重点阐释大学生自我管理相关内容，帮助大学生树立正确的自我管理思想，增强大学生的自我管理能力，提高大学生的道德修养，落实德智体美劳全面发展的教育要求。绵阳城市学院结合自身丰富多彩、富有特色的校园文化活动资源，开展大学生自我管理教育与实践，调动学生参与自我管理的积极性，最终实现学生自我成长的良性目标。本书案例均来自绵阳城市学院。

由于时间仓促，再加之作者水平有限，此书存在不妥、不足或错误之处，敬请读者谅解并批评指正。

陈 亮

2023 年 8 月

第一章 大学生自我管理概述 ⋯⋯⋯⋯⋯⋯⋯⋯ 001
第一节 自我管理的基本内涵 ⋯⋯⋯⋯⋯⋯⋯⋯003
第二节 大学生自我管理现状与改进策略 ⋯⋯⋯⋯004
第三节 大学生自我管理的内容 ⋯⋯⋯⋯⋯⋯⋯010
第四节 大学生自我管理的重要性 ⋯⋯⋯⋯⋯⋯015

第二章 大学生自我管理实践 ⋯⋯⋯⋯⋯⋯⋯⋯ 035
第一节 树立自我管理理念 ⋯⋯⋯⋯⋯⋯⋯⋯⋯037
第二节 培育自我管理品质 ⋯⋯⋯⋯⋯⋯⋯⋯⋯041
第三节 提升自我管理能力 ⋯⋯⋯⋯⋯⋯⋯⋯⋯048
第四节 大学生自我管理的实践方法 ⋯⋯⋯⋯⋯055

第三章 大学校园文化活动的概述 ⋯⋯⋯⋯⋯⋯ 067
第一节 大学校园文化活动的内涵 ⋯⋯⋯⋯⋯⋯068
第二节 大学校园文化活动的基本特征 ⋯⋯⋯⋯072
第三节 大学校园文化活动的功能 ⋯⋯⋯⋯⋯⋯080
第四节 大学校园文化活动的建设 ⋯⋯⋯⋯⋯⋯085

第四章 大学校园文化活动的主要内容与形式 ⋯ 093
第一节 大学校园文化活动的主要内容 ⋯⋯⋯⋯095

第二节　大学校园文化活动的形式……………101

　　第三节　如何参加大学校园文化活动……………112

第五章　大学校园文化活动的组织、策划与实施……115

　　第一节　大学校园文化活动的组织……………117

　　第二节　大学校园文化活动的策划……………126

　　第三节　大学校园文化活动的实施……………137

第六章　绵阳城市学院校园文化活动……………151

　　第一节　绵阳城市学院校园文化活动类别…………153

　　第二节　绵阳城市学院特色校园文化活动…………155

　　第三节　绵阳城市学院特色校园文化活动案例分析…178

DAXUESHENG
ZIWO GUANLI JIAOYU YU SHIJIAN
（XIAOYUAN HUODONG）

第一章
大学生自我管理概述

据教育部统计，2020—2023年我国大学生毕业人数分别约为874万、909万、1076万、1158万，未来一个时期，我国仍将面对巨大的就业增大压力。在大学生毕业人数众多的背景下，大学生面临着前所未有的激烈竞争，如何提升自身的综合能力？如何从竞争者中脱颖而出？希望大家能从本章找到答案。本章将对大学生自我管理进行系统的介绍和探究。

大学生自我管理是指大学生为了实现高等教育的培养目标以及满足社会日益发展对个人素质的要求，充分调动自身的主观能动性，卓有成效地利用和整合自我资源（身体、心理、时间、信息、思想和行为等），运用科学管理方法而开展的自我认知、自我计划与组织、自我监控、自我开发与自我教育等一系列的活动。[1]

---

[1] 李满林.大学生自我管理的内容及类型[J].辽宁教育行政学院学报，2007（5）：175-176.

第一节 自我管理的基本内涵

自我管理（self-management）又称为自我控制，是利用个人内在力量改变行为的策略，普遍运用于减少不良行为与增加良好行为的出现。自我管理注重的是一个人的自我教导及自我控制，即行为的制约是受自己的内控力量，而非教师、家长等传统的外在力量。自我管理涉及对时间、任务、情绪和行为等的有效管理。它要求个体具备良好的自律性、目标设定能力、时间管理技巧、情绪调控能力等，以便更好地应对挑战和压力，实现个人成长和成功。

一、自我管理的定义

当今学术界主要从心理学、哲学和管理学等范畴对自我管理进行探讨和研究。

◎（一）心理学范畴的自我管理

自我管理是个体通过自我控制、自我调节和自我激励等方式有效地管理自己的行为、情绪和思维，以达到个人目标的过程。

以弗洛伊德为代表的精神心理学派认为自我管理是自我对于"本我"和"超我"的协调，自我管理的目的是使用社会更接受的方式，满足人的生物本能，从而有效避免内疚。[1]

心理学家斯滕伯格（Sternberg）和维格纳（Wagner）在研究中发现，有效的自我管理技能可以使他们在生活的各个方面取得成功，从而强调自我管理的重要性。这种自我管理需要人为发现或创设良好的外部环境，方能获得有效的自我知识，提升自我意识，最终提高自我管理水平。[2]

---

1 弗洛伊德. 弗洛伊德文集：第八卷 [M]. 汪凤炎, 郭本禹, 译. 北京：九州出版社, 2014.
2 李晨园. 自我管理视角下的研究生奖助制度研究 [J]. 社会科学, 2020（1）:13.

◎（二）管理学范畴的自我管理

美国管理学家彼得·杜拉克在《21世纪的管理挑战》中论述了自我管理问题。他认为，随着知识经济的兴盛，知识工作者成为社会的主导阶层，对知识工作者的管理必须顺应他们的特点，使他们从管理的客体变成管理的主体。[1]

我国学者郭海龙认为，自我管理是一个管理过程，即由自我认识、自我设计、自我学习、自我协调和自我控制等步骤连贯而成的管理过程。[2]

◎（三）哲学范畴的自我管理

哲学领域研究的自我管理，是对传统管理理论和实践进行深刻反省后的产物，它将管理的对象由外部移到内部，转到人自身，将管理主体与客体融合为一人。自我管理是指个体在社会活动中，主我能动性地对客我进行体察和反思、调整和改造，处理自我矛盾，实现自我协调与自我发展以及与组织和社会良性互动关系的实践方式。[3]

综上所述，自我管理是心理学、管理学、哲学等多领域的重要研究内容。通过对当下自我管理相关内容进行综合分析，笔者认为，自我管理是个人以自己合理的价值观为基础，提出目标，并整合时间、知识、技能、信息、情绪、情感等方面的资源，调节控制自己的心理活动和行为，实现个人目标的过程。

第二节　大学生自我管理现状与改进策略

笔者在前期的研究工作中，对三所高校的学生、教职工开展过大学生自我管理现状问卷调查。本次调查共发放问卷3667份，其中，参与调查的教职

---

[1] 彼得·杜拉克.21世纪的管理挑战[M].刘毓玲，译.北京：生活·读书·新知三联书店，2000.
[2] 郭海龙.国内自我管理研究存在的问题与出路.[J].重庆社会科学，2005，12（1）：93-96.
[3] 李方，刘金亮.当代视阈下的大学生自我管理研究[M].北京：中国书籍出版社，2016.

工 201 名，大学生 3466 名。

本次调查结果显示：45.33% 的大学生表示已经参与到了大学生自我管理工作中，43.25% 的大学生认为目前大学生自我管理重管理、轻服务，26.57% 的大学生认为目前大学生自我管理模式不健全，82.54% 的大学生希望学校推行大学生自我管理并愿意参与到自我管理的工作中，81.59% 的教职工同样希望学校推行大学生自我管理。

一、大学生自我管理现状

结合调研成果、问卷采集数据、相关理论研究和实际工作经验，笔者对大学生自我管理现状得出如下结论。

◎（一）当前大学生自我管理能力不足

大学生在进入大学前，很多事情皆有学校和家长双方的严格管理和约束，长时间处于被管理的地位，没有自我管理经历，导致他们在学生就业、生活方面等的自我管理中存在明显的行动力不够、能力不足。[1] 这种不足主要体现在行为习惯管理、学习管理、时间管理、职业规划管理、情绪管理、自我认知、目标管理等方面。

◎（二）大学生自我管理理念缺乏创新、管理手段落后

我国高校学生管理理念陈旧、手段落后，缺乏创新精神。石智生认为出现该现象的原因之一是高校过于重视教育，对于管理存在轻视现象。[2] 传统的大学生管理无法满足新时代教育事业发展的需求。

◎（三）大学生自我管理体系混乱

高校学生管理工作范围广、管理内容复杂，导致学生在开展自我管理时

---

1 席仪琳，徐红，张欣柳，等.新时代背景下大学生自我管理情况研究[J].长江丛刊，2021（8）：50-51.
2 石智生.民办高校学生管理工作的特点和对策研究[J].广西科技师范学院学报，2017（2）：29.

会涉及多部门；而各部门之间交叉运行时规章制度不统一或缺乏强有力的沟通和协作，易导致学生自我管理开展困难。大学生自我管理体系混乱不堪，不利于大学生自我管理工作的开展。大学生自我管理需建立更为宽松的自我管理环境，充分发挥大学生个体主观能动性。

◎（四）缺乏大学生自我管理评价体系

高校在学生自我管理实施过程中，对自我管理成效的评价制度不够完善，评价体系的主体单一，评价方式单一，多采用"单向度的教师评价"形式对学生自我管理进行评价，忽视了学生主体的评价，制约了评价主体与评价客体的交流互动。大学生自我管理成效考核应以学校、教师、学生、家长意见共同组成，才能体现评价体系的客观公正性。

◎（五）缺乏以大学生终身发展为目标的长效机制

大学生自我管理应发挥高等教育终身育人特殊属性。目前大多大学生自我管理只局限于学生在校时间段，没有以学生终身发展为目标，忽视了学生毕业后对自身发展的需求。

◎（六）大学生自律性参差不齐

自律是自我管理的关键要素。一些大学生展现了良好的自律性，能够自我约束和激励，按照计划推进工作。然而，还有一部分大学生自律性不够，或者欠缺自律，容易受到外部干扰或放松对自己的要求。

二、大学生自我管理改进策略

新时代，大学生自我管理应以创新学生自我管理工作理念、手段为途径，以优化调整学生管理体系为突破，以大学生十年职业生涯规划为指导，以管理人员专业化、职业化建设及学生价值观培养为抓手，以科学公正的大学生自我管理评价体系为保障，增强大学生自我管理能力，促进大学生综合素质养成，切实提高高校人才培养质量。

◎（一）创新大学生自我管理工作理念、手段

大学生自我管理的对象是学生，因此大学生自我管理理念和手段要符合大学生特点，有针对性地管理。随着社会、经济的发展，新一代大学生的思想、性格都发生了变化，如果大学生自我管理仍聚焦于传统的单向"教育"理念及手段，必然难以适应新的状况。

◎（二）构建大学生自我管理新体系

目前大多数高校学生自我管理存在漏洞，管理机构分级不明确，经常出现多方参与管理一项事务或某一事务无人管理等现象。大学生自我管理涉及学生、辅导员、学生处、教务处、学院、学校等层面。新时代大学生自我管理必须优化调整学生管理机构，细化各个管理层的责任和义务，构建大学生自我管理新体系，以消除现有高校学生管理服务机构存在的弊端。

◎（三）实施大学生十年职业生涯规划

职业生涯规划对激发大学生自我管理内在动力和实现其人生价值有着举足轻重的作用，各高校必须充分重视大学生职业生涯规划教育，积极探索开展大学生职业生涯规划教育的有效途径，引导大学生实现自己的职业理想。新时代，高校应建立学生十年职业生涯规划制度，采取"4+3+3"模式：大学四年期间的学习计划、职业准备规划，毕业后的三年人生规划和三年毕业生服务。

◎（四）加强管理人员专业化、职业化建设，将学生价值观培养应用在大学生自我管理中

传统的高校学生管理工作是教师管学生；而新时代的大学生自我管理打破了传统观念，是教师带领、指导学生管学生、管自己，扩大了大学生自我管理参与面，形成了大学生是管理者和被管理者的局面。这也对我们管理人员提出了新要求。高校应通过人才培养、专业技能培训、管理人员个人能力提升、管理人员职级制等措施，建立专业化、职业化的管理队伍，为大学生

自我管理提供专业人才保障。一是提升教师队伍能力，保证自我管理指导有力；二是培养学生正确的价值观，保证大学生自我管理在社会主义办学道路上顺利开展；三是落实"为党育人，为国育才"的教育教学任务。

◎（五）建立科学公正的大学生自我管理评价体系

引导大学生建立科学公正的自我管理评价体系，还大学生评价主体地位，使大学生评价主体多元化，让评价从外部转化到内在、从形式转向实质、从被动转向主动，从而真正成为促进大学生全面发展的动力。学校、教师、学生、家长等各方面的评价结果，"劳动教育""课外阅读""专业社团"等"第二课堂"的成绩，学生各项考核数据（上课出勤率、寝室卫生情况、考试成绩、活动参与及获奖）等内容共同组成大学生自我管理评价体系数据库，作为大学生自我管理成效考核依据，以保证评价体系科学公正。

【案例分享】

"荣耀绵城"颁奖盛典

"荣耀绵城"颁奖盛典是绵阳城市学院为全面贯彻落实党的二十大精神，落实立德树人根本任务，进一步推进学生自主管理，巩固"三全"育人工作成效，把以"自我教育、自我管理、自我价值体现"为主题的"三自"教育管理体系贯穿于学生管理中，总结学年学生工作取得的成绩，表彰先进，树立典范，调动全校学生比学赶超的积极性，推动学生自主管理建设工作全面深入可持续发展而举办的大学活动。

图 1-1 2023 年 "荣耀绵城" 颁奖典礼现场

2023 年 6 月 6 日和 8 日晚上,绵阳城市学院分别在游仙和安州两个校区举行了 2022—2023 学年度 "荣耀绵城" 颁奖盛典。颁奖盛典由校党委主办,学工服务中心、校团委承办,行政服务中心、教学服务中心协办。"荣耀绵城"共设 12 类奖项。其中自治先锋评选标准如下。

一、思想素质方面

坚决拥护中国共产党,理想信念坚定,道德品质高尚,具有较强的社会责任感。

二、自治管理方面

1. 积极参与学生自治管理,担任学生自治管理岗位;

2. 至少主导组织了 1 场具有影响力的活动（线下参与活动的人数达 500 人次以上）;

3. 自觉性高,工作能力强,在学生自治管理方面起到模范带头作用。

三、学习成绩方面

1. 学习态度端正，积极向上；
2. 加权平均绩点排名全年级前 50%，无挂科。

图 1-2 2023 年自治先锋获奖者

第三节　大学生自我管理的内容

如何有效提高大学生的自我管理能力？首先要对大学生自我管理的内容有一个基本的了解和认识。本节将对大学生自我管理的内容进行一个归纳总结，然后对如何有效提高大学生的自我管理能力进行研究和探讨。

我们把大学生的日常生活分为两个部分：物质生活和精神生活。物质生活主要包括衣食住行。精神生活主要包括世界观、人生观、价值观的确立和改造，理想的选择，思想品德的修养，知识的追求和探索，文艺欣赏和娱乐，以及人际社交等。

结合大学生生活现状我们将大学生自我管理进行如下划分。

一、思想政治方面

思想政治方面的自我管理具体包括理想与志向自我管理、思想品德自我管理。

理想与志向是解决大学生困惑的重要力量，能引导大学生走出现实生活中带来的各种困扰，在精神上给予大学生强大的支撑，让他们能够坚定不移地朝着理想前进。大学生理想与志向的自我管理应该从以下几个方面做起：

1. 养成科学的理性思维方式；
2. 确立理性、现实、崇高、健全的人生信仰；
3. 积极实践，发扬艰苦奋斗精神。

培养大学生养成优良的思想品德是思想政治教育工作的重要任务，是学校、学工部门、辅导员的重要日常工作，也是大学生形成正确的世界观、人生观、价值观的迫切需求。

大学生思想品德方面的自我管理，需要通过具体活动实施。除常见的党团组织活动、主题班会、主题教育等，学生还可以参加校内自行组织开展的其他校园活动，这对大学生的思想品德自我管理具有一定帮助。大学生思想品德的自我管理应该从以下几个方面做起：

1. 传承、弘扬、践行社会主义核心价值观；
2. 培养积极的价值取向和人生追求；
3. 树立统一、和谐、利他的人生价值观；
4. 尊重劳动、崇尚劳动、热爱劳动，脚踏实地、艰苦奋斗。

二、纪律方面

纪律方面的自我管理具体包括上课出勤、课堂表现、考试诚信、行为习惯。

纪律是保障高校正常教学活动的必要条件之一，是学生能够安心学习的基础条件。纪律也是大学生自控能力、综合素质方面的重要体现。良好的纪律依赖于自控能力，自控能力能够帮助学生及时发现和反馈自己在学习和生活方面是否符合当代大学生的要求。自我控制的机制一旦形成，大学生自身的自我管理效果、教育成效将大幅提升。

三、学习方面

学习方面的自我管理具体包括学习目标制定、学习计划实施、学习任务完成、学习成果总结、学习习惯养成。

学习是一个需要用脑谋划、用心学习、身体力行的过程，离不开个体的主观能动性。首先，大学生结合专业特点、兴趣爱好、自身特长、实际情况等要素量身制定学习目标；其次，根据目标制订详细的短、中、长期学习计划；再次，将计划划分为具体的某些任务；最后，按计划对自己进行考核评价和总结归纳，形成经验和教训，鞭策自己不断成长。

四、行为习惯方面

大学生自我管理的重点应是养成良好的行为习惯，包括穿着习惯、饮食习惯、作息习惯等。良好的行为习惯会使同学们终生受益，是个体走向成功的必备条件之一。

穿着习惯方面。衣着是展现大学生风貌的重要手段，在一定程度上体现一个人的审美水平和综合素养。男生衣着要干净利落，女生衣着要端庄大方，展示出大学生的青春朝气。

饮食习惯方面。要以身体健康为目的，不暴饮暴食、不酗酒，按时就餐，均衡膳食。

作息习惯方面。大学生宿舍是一个集体空间，需要大家共同维护，才能形成一个良好的学习、生活场所。其关键在于作息规律，按时熄灯睡觉、按时起床。

五、人际交往方面

人际交往指"人们运用语言或非语言符号交换意见、传达思想、表达感情和需要等的交流过程,包括物质交往和精神交往"[1]。

人际交往的主要理论包括社会交换理论、自我表露理论、交往分析理论、需要层次理论。

人际交往的过程包括定向阶段、情感探索阶段、感情交流阶段、稳定交往阶段。

大学生的人际交往具有感情色彩浓、富于理想色彩、交往范围大、平等意识和自主意识强等特点,主要关系有同学关系、师生关系,主要形式包含学习、文娱活动、上网、沙龙聚会、社会实践等,受自身因素、家庭因素、学校因素、社会因素、网络因素等影响。人际交往是个人社会化的必经之路、是获取知识的重要手段、是培养良好个性的需要、是认识自我的途径、是维持心理健康的基本需要、是联系社会的桥梁、是事业成功的重要条件。目前,大学生人际交往主要存在社交自卑、社交自负、社交恐惧、社交封闭、沟通不良、交往功利心过强、对交往过度投入、嫉妒心过强、失去原则等问题。

综合上述情况,大学生人际交往方面的自我管理需要从提高对人际交往的认识、遵守人际交往的基本原则、塑造良好的自我形象、注意人际交往过程中的礼仪、掌握人际交往技巧等方面着手。

【案例分享】

大学生自我管理案例

小王是绵阳城市学院风景园林设计专业的一名大一学生,在大学的第一学期中,因刚进入大学,失去父母管控的日子让他在自由中失去了

---

[1] 许德宽,朱俊梅.大学生心理健康教育[M].北京:清华大学出版社,2009.

自我、迷失了方向，最后他学习成绩下滑、生活习惯混乱。绵阳城市学院为实施大学生自我管理，多年来一直在尝试各类方式方法，2023年上学期实施"人生导师制"，给每位新生都配备了人生导师，小王同学也有自己的专属人生导师。为了改善这种情况，小王同学和他的人生导师根据他的实际情况，共同制定了一份自我管理方案。

首先，小王设定了提高学习成绩和树立健康生活习惯的目标。

接下来，小王制订了计划和时间表。他每天早上设定目标，列出当天要完成的任务，并为每项任务设定时间限制。他将重要且紧急的任务放在优先处理的位置，并合理分配时间和精力。

小王还制订了学习计划。他规划每天的学习时间，并安排不同科目的复习内容。他采用了多种学习方法，如阅读、笔记、思维导图等，以提高学习效率和记忆力。

为了健康生活，小王建立了良好的作息时间表。他确定了每天的起床时间和睡觉时间，并保证每晚有充足的睡眠。他还合理安排饮食，保持均衡饮食，并定期进行锻炼来保持身体健康。此外，他也参与一些社交和兴趣活动，以保持心理健康。

为了提高时间管理能力，小王学会了合理利用碎片时间。他意识到手机是他经常浪费时间的工具，因此他设定了自己使用这些设备的时间，并将闲暇时间用于学习或自我提升。

在自律方面，小王养成了良好的习惯。他按时起床、按时上课、按时完成任务，并且避免拖延行为。他还为自己设定了奖励机制，当他达到一定的学习目标或生活习惯时，他会给自己一些小奖励。

小王主动寻求帮助和支持。他与同学建立了学习小组，大家相互讨论和分享学习经验。他也经常向专业教师、人生导师和辅导员请教问题，并接受他们的指导和建议。

通过不断反思和调整，小王成功地提高了学习成绩，养成了良好的生活习惯。他懂得了如何自主管理自己的时间、学习和生活，这使他在后面的大学生活中取得了更好的成绩和全面发展。

这个案例展示了一个大学生是如何通过自我管理来改善学习和生活的。每个人的情况不同，自我管理方法也会不同，但这个案例可以启发我们思考如何合理规划和组织自己的大学生活，并建立良好的学习和生活习惯。

第四节 大学生自我管理的重要性

一直以来，大学生中普遍存在厌学、逃课、作息不规律、生活能力差、自控能力差、缺乏斗志、理想信念缺失、职业规划不清、同学关系紧张等各类问题。随着新时代大学生对个性的追求，问题学生所占比例也不断在提高。如何有效解决种种问题，降低问题学生比例？除了学校的日常管理和思想政治教育外，最重要的是大学生必须学会为自己负责、学会自我管理。

自我管理起源于临床医学领域，慢性疾病患者通过自我管理逐步实现身体和心理的恢复。随后因其强大应用价值，被其他领域学者窥见，从而被引入教育学、心理学、管理学领域，并在这些领域蓬勃发展。大学生自我管理的重要意义主要体现在学生个人全面发展、社会发展、对高校学生管理工作的影响等方面。

一、大学生自我管理对个人全面发展的重要性

自我管理贯穿个人全面发展的全过程，通过自我管理，个体能在不断的创造性活动中体现个人的优势，培养和造就自我的各种能力，最终实现自我

价值，达到个人的全面发展。

目标是大学生成长的根本方向，实现个人全面发展的关键策略是目标导向。大学生应通过提升自我认知、制定个人规划等方式确定合理的个人全面发展目标；分析自身优势与劣势，明确个人发展的关键性问题，通过围绕个人全面发展的最终目的合理地进行自我设计，制定出个人全面发展的总体目标和阶段性目标。

◎（一）完善自我需要

个体在不断解决自我矛盾的过程中完善自己。大学生的自我管理过程正是个体自我完善的过程。人的自我意识由物质自我、社会自我、精神自我组成。自我意识分为主体自我、客体自我、理想自我、现实自我等形式。主体自我不断认识和改造客体自我，理想自我不断评价和塑造现实自我。大学生在自我管理中改造自己、塑造自己。

◎（二）创造自我价值需要

大学生的价值集中体现在自身具有的知识、能力，以及能够凝聚、启动并发挥这些知识和能力作用的、为社会创造价值的良好心理素质、道德素质、思想素质、政治素质以及身体素质[1]。就大学生而言，可以通过有效的自我管理活动，科学地分配自己的时间、知识、信息、能力、特长等资源，形成自身价值并付诸实施，最终使自身的素质得到提高。

◎（三）自我实现需要

马斯洛认为自我实现需要是人的根本需求。一个完整的人性，需要满足基本需要和超越性需要。"只有在为我们所缺乏的事情而奋斗时，在希望得到我们所没有的东西时，在我们将自己的力量积蓄起来以便为满足这种愿望而奋斗时，才会把自己的各种本领都最大限度地施展开来。"[2] 综上所述，大

---

1 叶宁. 大学生自我管理能力影响机制评价 [M]. 北京：知识产权出版社，2015.
2 马斯洛. 人格和动机 [M]. 许金声，陈朝翔，译. 北京：华夏出版社，1987.

学生自我实现需要离不开自我管理的过程。

从本质上讲，大学生全面发展的要素不仅仅包括智力、情绪、性格、知识等某个指标，关键在于各指标之间的相互融合、有机结合。这种超强融会贯通能力，依赖于个人的自我管理水平。所以大学生必须具有较强的自我管理能力，该能力能帮助他们高效合理地安排各项学习、工作、生活任务；也能帮助他们养成良好的基本素养，达到口中有德、目中有人、行中有爱的目标。

二、大学生自我管理对社会发展的重要性

以技术革命为背景，人类社会正在经历从工业社会向知识经济社会的转变。知识经济社会以科学技术为内涵，以高新产业为特征。20 世纪 90 年代开始，作为科学技术载体的人才已成为经济知识社会国际竞争的焦点，推进人才强国和实施科教兴国已成为中国发展社会主义市场经济、增强国际竞争力的战略抉择。

知识经济社会的特点是以知识的生产、分配、使用为特点的可持续发展；劳动力结构、生产要素、管理模式等都发生了改变。这些变化迫使大学生需要掌握提升自我认知、学会时间管理、制定职业规划、加强自我学习、合理自我控制等众多自我管理能力。

◎（一）满足社会劳动力极其结构变化的新需求

知识经济社会的主要特点包括资源利用智力化、资产投入无形化、知识利用产业化、经济发展可持续化。这些特点导致劳动力及其结构发生重大变化，由体力劳动者为主转变为知识劳动者为主，科学劳动、管理劳动在社会生产和经济生活中起着越来越重要的作用。

知识劳动者具有拥有重要的生产资料（存于自身的知识）、成就动机强、劳动过程监控难等特点。在此基础上，大学生要想更好地发展，就必须通过自我管理激发自己的潜能、正确认识自我、合理自我规划，将自己的知识资

源转化为生产力，提高个人劳动生产率，才能在激烈的知识经济社会中竞争取得优势。

大学生是知识劳动者的代表，应当做自己的主人，发挥主观能动性，通过自我约束、自我激励、自我控制使自己具备胜任工作的能力。

◎（二）有效应对社会企业形式的变革

知识经济时代企业的组织结构体现为三个新的特征：有助于企业捕捉市场机会，降低交易成本；有助于企业的信息交流，实现知识的创新与深化；有助于增强企业员工的创造性、主动性和合作精神。企业形式变革的主要方向：组织结构的边界由封闭状态变为半渗透边界、组织结构的扁平化、组织结构团队化、组织结构网络化。

传统组织结构是封闭的，管理的范围主要限定在企业边界之内。而随着经济发展，外部环境的巨变，大规模组织的局限性与信息传递速度的加快，合作伙伴关系成为一种集中力量、共担风险、迅速决策的柔性模式。企业联盟、虚拟性企业、转包等复杂性组织形式出现。

组织结构的一个重要特征就是管理层次和管理幅度，知识经济时代其变革方向概括起来就是缩小规模、减少层次、实现扁平化。这是因为知识经济时代，一是信息网络和计算机网络的发展，企业内部信息的搜集、传递、分析与处理大部分将被计算机取代，原来需要多层中间管理者完成的工作现在完全可以由电脑完成。二是随着产品科技含量的不断提高，产品生命周期的缩短，竞争越来越激烈，高效运行机制显得尤为重要。三是由于企业员工素质的普遍提高，独立自主解决问题的能力较强，使管理者与下属之间可以更快、更好地沟通，使得管理者管理幅度加宽。[1]

这是知识经济时代企业组织结构的一般发展趋势，不同的组织形式各有其特点。大学生应根据自身的特点、优势，提升个人的专业知识和素质能力，

---

1 孔宁宁. 知识经济下企业组织结构的变革 [J]. 商场现代化，2007（23）：78-79.

以应对企业形式的变革。

◎（三）适应企业管理及工作制度的变化

知识经济时代，企业的管理的重心从"机器"转变为"人力"。只有人的潜力发挥出来，企业才能获得更多的收益，企业也才能具有更强的生命力。企业管理的目标是个人，主要体现为被管理和自我管理，但最终的管理成效体现为员工的个人管理，这是个体的主观能动性决定的。所以对于当代大学生而言，自我管理的能力决定了未来你在企业的发展高度。

三、大学生自我管理是现代高校学生管理工作的必然要求

高校学生自我管理是高校整个管理工作的重要组成部分，是高校学生管理工作的终极目标。可以说高校学生自我管理状态的优劣是衡量高校学生管理工作水平高低的有效尺度。传统的高校学生管理工作多是学校或管理者对大学生进行由上而下、由外而内的一种管理方式。这往往缺乏管理者与被管理者之间的双向互动、沟通与交流。由于社会环境和教育对象特征的改变，这种管理方式的效果不是很理想。

笔者认为，对人的管理特别是对大学生的管理，应以自我教育、自我管理为主；以自律为主，辅以他律，使他律与自律有机结合、统一起来；由被动管理变主动管理，发动学生的主动管理是推动学生主动参与到管理工作的中的重要方式。大学生自我管理实现了高校和谐校园建设工作中学生的积极性和创造性，也为其他各项工作的完成提供了服务与保障。[1]

新时代对育人工作提出了新的要求，为培养符合新时代中国特色社会主义要求的合格建设者，我们需要运用更多现代化的管理手段，将学生自身的主观能动作用发挥到学生的管理工作中来，提升学生自我管理效率，增强学

---

[1] 陈光军.和谐校园建设与大学生自我教育自我管理[J].安徽电气工程职业技术学院学报，2008（2）：110-114.

生自我成才意识，实现大学生自我管理。

自我管理需要时间和实践，考验自律和坚持，持之以恒才能取得良好的效果。良好的自我管理能力有助于提高学习和工作效率，帮助大学生成长成才。

【案例分享】

绵阳城市学院共青团"第二课堂成绩单"制度实施办法（2023版）

第一章　总　则

第一条　为全面贯彻落实《关于加强和改进新形势下高校思想政治工作的意见》《关于深化教育体制机制改革的意见》及《高校共青团改革实施方案》有关精神，着力提高人才培养质量，深入推进我校"三自"管理（自我教育、自我管理、自我服务）改革，切实促进学生成人成才成功，根据学工服务中心《绵阳城市学院评估指标项目建设工作组规划2022—2024学年）》提出的做好学校本科教学合格评估涉及的学风建设与学生指导工作要求，结合我校实际，特制定《绵阳城市学院共青团"第二课堂成绩单"制度实施办法（2023版）》。

第二条　我校"第二课堂成绩单"制度实施以培养应用型人才为宗旨，以"教中做""做中学""学中悟"为理念，以培养"有理想、多专多能、会创造"的大学生为目标，实现"三自"管理与应用技术型人才培养相融合、"三自"管理与综合素质养成相融合、"三自"管理与学生创造能力培养相融合。通过"第二课堂成绩单"制度，激励学生广泛参与各类活动，促进能力素质的均衡发展，提升就业竞争力。

第三条　我校"第二课堂成绩单"制度主要任务是：编制与我校人才培养计划相适应的课程体系；开发"活动项目化、项目课程化、课程特色化"的"第二课堂"课程体系;完善激励和评价机制,保障"第二课堂"教育成效。

第二章 课程与学分

第四条 我校"第二课堂"课程项目体系按照《团中央学校部关于推广实施高校共青团"第二课堂成绩单"制度的通知》文件精神和要求将课程项目体系分为5个类别:思政素养、品格素养、专业素养、实践能力、创造能力。按课程内容分为2大模块,即必修课程、选修课程。通过两大模块培养学生的三大素养两种能力。

1. 必修课程。共设置4门课程,包含"入党启蒙教育""大学生劳动教育""社会实践""课外阅读"。

2. 选修课程。共设置3门课程,包含"大学生自我管理教育与实践(校园活动)""大学生自我管理教育与实践(特色社团)""大学生自我管理教育与实践(岗位体验)"。

各项课程(活动)对应学分、学时情况,详见附件1、附件2。

第五条 我校"第二课堂"学分为必修学分。本科学生必须在毕业前修满10学分,认证获取至少120学时;两年制专升本学生根据实际情况,对修读课程不做要求,学分取得以学时认证为主,须在毕业前提交相应成果认证,认证成功达到96学时后方能毕业。

第六条 因身体疾病等特殊原因而修不满"第二课堂"学分的,经本人申请、专业学院(社区)审核、学生处审批,可视情况给予相应模块的学分减免。

第七条 每年6月、12月"到梦空间"网络管理系统学时申请功能开放,"第二课堂"认证中心将组织各级进行审核、认定工作;6月、

12月底完成该学期"第二课堂"课程学时认定,并公示及备案。

第三章 工作机构

第九条 学生"第二课堂成绩单"制度实施组织机构主要由校、院(社区)组成,分别负责各级"第二课堂成绩单"制度工作的指导、规划、实施和活动学分认证。

第十条 学校成立"第二课堂成绩单"制度实施工作领导小组,詹廷君担任主任,何兴担任副主任;教研处、学生工作处、校团委、教务处、信息中心及各专业学院学工负责人(社区区长)为成员。领导小组负责"第二课堂成绩单"制度实施方案的制定,统筹教育教学资源、部门协同,监督"第二课堂成绩单"制度实施,裁决学生对"第二课堂成绩单"制度相关活动结果的申诉。

第十一条 各专业学院(社区)成立"第二课堂成绩单"制度实施工作组,由专业学院学生工作负责人(社区区长)任组长,辅导员(人生导师助理)、学生干部为成员,负责组织本学院(社区)"第二课堂成绩单"制度实施认定工作。内容主要为支持"第二课堂成绩单"制度开展、审核本学院(社区)"第二课堂成绩单"制度学时认定结果并在学院(社区)网站统一公示、在教务系统进行成绩录入等工作。

第四章 组织实施

第十二条 校、院(社区)按要求做好"第二课堂成绩单"制度的项目规划、组织实施、活动指导、活动认证,强化活动保障,严格考核标准,努力构建学生主动参与、教师热心指导、体系科学合理的组织管理和评价激励机制。

第十三条 科学编制活动规划，每年统一规划全校"第二课堂成绩单"制度课程活动，分别形成校、院（社区）"第二课堂成绩单"制度课程活动规划，具体规划原则如下：

1. 分类计分。"第二课堂成绩单"制度相关活动分为学时类活动和非学时类活动，学时类活动是指纳入校、院（社区）规划的活动，学生参与此类活动认证学时；非学时类活动是指未纳入校、院（社区）规划的活动，此类活动不再认证学时。

2. 分层规划。"第二课堂成绩单"制度相关活动分校、院（社区）两个层次进行规划，校级活动重在拓展学生综合素质，院（社区）级活动重在拓展学生专业素质；社团活动根据其挂靠单位情况纳入相应的校级规划或院（社区）级规划；其他组织可在校、院（社区）规划活动外，根据班级实际另行设计活动，但该活动不纳入"第二课堂"成绩单制度学时认证，全校形成"学校规定活动＋学院（社区）特色活动＋其他任选活动"的活动体系。

3. 分级设计。"第二课堂成绩单"制度活动针对不同年级、专业的学生进行设计，一年级学生重专业学业导航，二年级学生重专业素质拓展，三年级学生重就业创业导航，四年级学生一般不再统一规划活动，学生可根据"第二课堂成绩单"制度学分完成情况自主安排。

第十四条 "第二课堂成绩单"制度相关活动实行分级管理，按校、院（社区）二级组织实施，主办单位应按以下程序开展活动：

1. 活动审批。主办单位须在每学年初按要求填写附件3和附件4，并报学校审批。未纳入规划的临时性活动由各专业学院（社区）审批后报学校备案。

2. 活动公告。主办单位要在相对固定的地方和学生工作网页内设置绵阳城市学院共青团"第二课堂"专栏，及时发布活动通知、活动学时等相关信息。

3. 活动组织。活动举办单位要科学制定活动方案，在规定的时间、地点和范围内精心组织活动，确保活动安全有序、质量可控、取得实效。除学校统一组织的社会实践、志愿服务等活动外，学生未经批准不得在校外组织活动。

4. 活动总结。活动结束后，主办单位及时做好活动宣传报道、材料归档、学时认证、书面总结等工作。

第十五条 活动主办单位要选配热心学生工作的相关领域专家、教师担任指导教师，指导学生制定活动方案并组织实施。

第十六条 各部门、各学院（社区）均应创造条件，支持学生参加"第二课堂"相关活动，在时间、场地、经费等方面提供保障，确保"第二课堂"相关活动的顺利进行。

1. 时间保障。学校安排固定时间，专门用于学生开展"第二课堂"相关活动，以保证活动的正常有序开展。

2. 场地保障。各单位要为学生开展"第二课堂"相关活动提供必要场所，及时做好学生活动场所各种设施的维护工作。

3. 经费保障。"第二课堂"相关活动经费由活动组织相关部门负责落实。

第五章 学分认证

第十七条 按照"谁主办、谁认证"的原则，主办单位应在活动结束后，按标准及时对参加活动的学生认定学时。学期结束前，各主办单位要将本学期活动学时认证情况汇总并报学生处存档备案。

第十八条 "第二课堂"相关活动分为国家级、省级、校级、院级

（社区）、其他五个级别，每个级别根据活动的规模、时间、难易等分为三类。同类别下一级活动分值原则上不能高于上一级，活动不重复计分，逐级选拔的活动只计最高分。具体分值以活动通知为准。

第十九条 "第二课堂"学时录入使用"到梦空间"网络管理系统认证管理。主要针对学生参与活动的情况，建立系统的记录、审核、评价机制。包括6个层面的评价方式。

1. 级别评价。学生参与活动或项目属国家级、省部级、校级、院级（社区）及其他等。

2. 学时评价。学生参加活动或项目经相关部门认证后的学时，一般以参与次数计时。

3. 奖项评价。学生参加活动或项目获得的等级类的成绩，一般用特/一/二/三等/优秀奖或冠/亚/季军等表示。

4. 角色评价。学生参加活动或项目所承担的任务分工，一般分为发起者、组织者、参与者三种角色。如果是团队参与，还要通过排序先后确定贡献程度大小。

5. 荣誉评价。学生参加活动或项目获得的荣誉称号，如各类先进个人/优秀标兵评选。

6. 考核评价。学生参与"第二课堂"的评价，一般以一学期为时间段，根据综合表现给予优秀、良好、及格、不及格分级评价。

第六章 附 则

第二十条 各学院（社区）要结合实际，制定切实可行的实施细则。新生入学时，要组织新生认真学习本方案和校、院（社区）有关规定，帮助学生明确有关要求，指导学生积极参与"第二课堂"相关活动。

第二十一条 对违反校纪或在学时认证中弄虚作假的学生，学校将取消该生本学年"第二课堂"相应模块的学时；对徇私舞弊和不负责任的单位和个人，学校将视情节给予通报批评直至纪律处分。

第二十二条 学生参加"第二课堂"相关活动情况纳入学生学年综合测评和评优评先，相关办法由学生处另行制定。

第二十三条 本方案实施对象为2023级及以后全日制在校生。

第二十四条 本方案最终解释权归学生处。

附件1

绵阳城市学院共青团"第二课堂"课程安排计划表

序号	课程名称	课程类别	学时		学分	课程结构	开课学期		开课单位	协作单位	考核办法
			理论	实践			理论	实践			
1	入党启蒙教育	必修	8	8	1	理论+实践教学	1	1	马克思主义学院	教研处	考查
2	大学生劳动教育	必修	8	24	2	理论+实践教学	1～2	1～2	教研处	教研处	考查
3	社会实践	必修	8	24	2	理论+实践教学	2	2	校团委	教研处	考查
4	课外阅读	必修	0	16	1	理论+实践教学	1～6	1～6	图书馆	教研处	考查
5	大学生自我管理教育与实践（校园活动）	限选	8	24	2	理论+实践教学	1	1～4	教研处	校团委	考查

续表

序号	课程名称	课程类别	学时		学分	课程结构	开课学期		开课单位	协作单位	考核办法
			理论	实践			理论	实践			
6	大学生自我管理教育与实践（特色社团）	限选	8	24	2	理论+实践教学	1	1~4	教研处	校团委	考查
7	大学生自我管理教育与实践（岗位体验）	限选	8	24	2	理论+实践教学	1	1~4	教研处	校团委	考查
8	职业素养训练与实践	必修		32	2	实践教学		1~7	现代产业学院	现代产业学院	考查

备注：本课程对两年制专升本学生不做要求，专升本学生自愿选修课程。

附件2

绵阳城市学院共青团"第二课堂"学时认定标准

序号	活动大类	序号	活动名称	学时	证明方式	备注
1	思政素养	1	学生骨干培训或团校学习	8	结业证书或证明	校级单位组织的培训
		2	团组织生活	2	团支部考勤	每学期上限4次
2	品格素养	3	志愿服务	2	证明	每学期上限4次
		4	无偿献血	8	证明	每学期上限2次
		5	好人好事被国家级单位表彰	128	证明	
		6	好人好事被省级单位表彰	64	证明	
		7	好人好事被市级单位表彰	32	证明	
		8	好人好事被校级单位表彰	16	证明	
		9	优秀团员、优秀干事	4	证书或证明	

续表

序号	活动大类	序号	活动名称	学时	证明方式	备注
2	品格素养	10	先进个人、社会实践先进个人、党校优秀学员、优秀信息员、优秀班导、优秀青年志愿者等	8	证书或证明	
		11	优秀团干、三好学生、学习标兵、优秀学生干部、校园励志之星、优秀毕业生、优秀党员	8	证书或证明	
3	专业素养	12	参加社团	8	主管部门提供考勤名单	参加满一学年，满足社团管理要求
		13	参加讲座	2	主管部门提供考勤名单	每学期上限8次
		14	计算机一级、二级及以上合格证书	2学时/项	证书或证明	同一考试，不可累加
		15	英语四六级及以上合格证书	2学时/项	证书或证明	同一考试，不可累加
		16	教师资格证、会计、文秘、物流师、施工员、造价员等职业资格证书	16学时/项	证书或证明	同一考试，不可累加
		17	研学项目、考研培训班、考公培训班、自考（网教、成教）专升本、教师资格证等培训	16学时/项	证书或证明	同一考试，不可累加
		18	辅修	16学时/项	证书或证明	同一考试，不可累加

续表

序号	活动大类	序号	活动名称	学时	证明方式	备注
4	实践能力	19	班导	16	聘书	
		20	教师助理	16	主管部门提供名单	期满一学期
		21	助理岗（初级、高级）	16/32	主管部门提供名单	期满一学年
		22	校卫队	32	主管部门提供名单	期满一学期
		23	应征入伍	96	退伍通知书	
		24	校园文化体育活动	2	活动签到或主办方名单	每学期上限4次
		25	学生在校期间举办个人艺术作品展览或演出	24	展览或演出证明及作品	每学期上限2次
		26	校、院（社区）两级团委书记处，学生会主席团成员	32	证书或证明	所有干部必须担任满一年，可叠加，第一职务算最高分，剩下职务减半；限两项
		27	校、院（社区）两级学生组织各部门干部，团支书，班长，学习委员，公寓长，楼层长	16	证书或证明	
		28	其他班委，校、院（社区）两级学生组织各部门干事，寝室长	8	证书或证明	
		29	荣耀绵城	16	证书或证明	
		30	绵城精英	24	证书或证明	
		31	所在班级获院（社区）级集体表彰	8	证书或证明	
		32	所在班级获校级集体表彰	16	证书或证明	
		33	所在班级获省级集体表彰	32	证书或证明	
		34	所在班级获国家级集体表彰	64	证书或证明	

续表

序号	活动大类	序号	活动名称	学时	证明方式	备注
5	创造能力	35	各类竞赛获国际级一等奖	80	荣誉证书或表彰文件	
		36	各类竞赛获国际级二等奖	72	荣誉证书或表彰文件	
		37	各类竞赛获国际级三等奖	64	荣誉证书或表彰文件	
		38	各类竞赛获国家级一等奖	64	荣誉证书或表彰文件	
		39	各类竞赛获国家级二等奖	56	荣誉证书或表彰文件	
		40	各类竞赛获国家级三等奖	48	荣誉证书或表彰文件	
		41	各类竞赛获省级一等奖	48	荣誉证书或表彰文件	
		42	各类竞赛获省级二等奖	40	荣誉证书或表彰文件	
		43	各类竞赛获省级三等奖	32	荣誉证书或表彰文件	
		44	各类竞赛获校级一等奖	32	荣誉证书或表彰文件	
		45	各类竞赛获校级二等奖	24	荣誉证书或表彰文件	
		46	各类竞赛获校级三等奖	16	荣誉证书或表彰文件	
		47	各类竞赛获院（社区）级一等奖	16	荣誉证书或表彰文件	
		48	各类竞赛获院（社区）级二等奖	8	荣誉证书或表彰文件	
		49	各类竞赛获院（社区）级三等奖	4	荣誉证书或表彰文件	
		50	出版专著	96	专著复印件	除第一作者外的其他作者学时减半
		51	国际核心刊物	96	期刊复印件	除第一作者外的其他作者学时减半
		52	国际一般刊物	64	期刊复印件	除第一作者外的其他作者学时减半
		53	国内核心刊物	64	期刊复印件	除第一作者外的其他作者学时减半

续表

序号	活动大类	序号	活动名称	学时	证明方式	备注
5	创造能力	54	国内一般刊物	16	期刊复印件	除第一作者外的其他作者学时减半,上限3次
		55	发明专利	96	专利证书	除第一发明人外的其他发明人学时减半
		56	实用新型	64	专利证书	除第一发明人外的其他发明人学时减半
		57	外观设计	40	专利证书	除第一发明人外的其他发明人学时减半
		58	获得国家级科技成果奖项一等奖	128	荣誉证书或表彰文件	除第一主持人外的其他主持人学时减半
		59	获得国家级科技成果奖项二等奖	96	荣誉证书或表彰文件	除第一主持人外的其他主持人学时减半
		60	获得国家级科技成果奖项三等奖	80	荣誉证书或表彰文件	除第一主持人外的其他主持人学时减半

附件3

绵阳城市学院共青团"第二课堂"活动审批表

活动名称及类别			
活动主办单位			
活动承办单位			
活动（拟）实施时间			
活动负责人		联系方式	
活动简介			
活动预算			
预期成效			
专业学院学工中心（社区区长）意见	签章： 年　　　月　　　日		
学生处意见	签章： 年　　　月　　　日		

备注：1. 该申请表一式两份，一份专业学院（社区）备案，一份学生处存档；
　　　2. 上交此申请表时，需附详细的活动策划书和安全预案。

附件 4

绵阳城市学院共青团"第二课堂"活动规划一览表

序号	活动名称	活动类别	活动（拟）实施时间	举办部门	
1					
2					
3					
4					
5					
7					

DAXUESHENG
ZIWO GUANLI JIAOYU YU SHIJIAN
(XIAOYUAN HUODONG)

第二章
大学生自我管理实践

大学生自我管理是当今及未来社会对新时代人才素质的必然选择，是高等学校学生管理体制改革的实然要求，是高等学校学生管理工作的终极目标。结合我国目前大学生自我管理现状、自我管理内容等，本章就大学生自我管理实践做一些初步的探讨。

第一节　树立自我管理理念

大学是学生成长发展的重要阶段，有更加灵活的成长环境和相对自由的可分配时间，自我管理也就成为大学生最重要的能力。因此，利用好大学生涯，培养学生自我管理能力成为高校急需研究和解决的问题。而学生更应树立自我管理理念，发展自我管理能力，把自律和他律相结合，自省自立，提高自我，为步入社会和适应社会做准备。

一、加强自我认知，树立自我管理意识先导

彼得·杜拉克曾说：人类在21世纪面临的最大挑战就是自我管理；学会自我管理首先要明白"我是谁"……而最重要也是最难的是"认识自己"。自我认知，简单来说就是我们对自己内心观念、想法、情绪、态度及由此引发的日常行为的觉察程度。自我认知程度越高的人，越可能在清醒接纳自我局限、内在限制等基础上不断扩展自我能力边界，持续寻求自我改善和自我突破；而自我认知程度较低的人，对内在自我观念、想法、情绪及由此引发的行动往往缺乏自我觉察，而这将导致僵硬固化的下意识生活与工作。这个世界我们最熟悉而又最陌生的人是自己，对自我意识状态的点滴觉察和充分觉知有助于我们有的放矢增强自我管理能力，自省自强、自动自发地干好工作、取得成绩。[1]因此大学生应当对自己进行深入的认知和了解，了解自己的性格、价值观、优点和缺点等，从而找到适合自己的管理方式。

二、设定个人目标，强化自我管理意识

为强化自我管理意识，大学生应当设立可衡量的个人目标，包括学业目标、职业目标和个人成长目标。例如，在学业方面设置可实现的达成目标，

---

[1] 党建锋.觉知自我意识　强化自我管理——浅论员工自我意识与团队管理[J].衡器，2016，45（6）：47-48+51.

从课业水平及科研成就两方面约束自己，根据设定的目标，制订详细的计划，将大目标分解成小目标，并为每个目标设定具体的行动步骤和时间表。可以通过使用时间日程表或时间管理工具来帮助管理时间，同时设定优先级，合理安排每天的任务和活动。高效利用时间就要学会合理分配时间，避免时间的浪费和拖延。

培养自律意识，养成良好的行为和生活习惯，包括早起、按时学习和工作、养成健康的饮食和运动习惯等。大学生的主要任务是学习，建立良好的学习习惯对自我管理至关重要。养成定期复习、及时完成作业和项目、积极参与课堂讨论等良好的学习习惯，可以提高学习效率和成绩。在学习生活中面对困难时应不退缩，保持坚韧内心。自我管理也并非意味着独自面对一切，而是要学会主动寻求支持和协助。寻找适合自己的学习小组，向教师和同学请教、寻求辅导和指导等，可以帮助解决问题和提高自我管理的能力。同时要学会正确面对压力、控制情绪，可以通过锻炼、休息、找人倾诉和寻求帮助等方式来实现。此外，定期进行阶段性反思和策略调整，通过自我反思，了解自己的成长和进步，及时调整自己的工作学习方法策略以适应不同的情况变化。

大学生在校园生活中，往往会面临各种不同的任务和活动，应学会根据重要性和紧急性对任务进行排序，将精力和时间集中在最重要和紧急的任务上，避免被琐碎的事务分散注意力。

自我管理是一个不断学习和成长的过程，是一个长期的过程，需要不懈努力。大学生应主动学习自我管理的相关知识和技巧，最大限度利用学校、社会资源，参加培训和研讨会，向身边的人和榜样学习，不断反思和改进自己的管理方法，以不断成长和提高自我管理的能力。

综上所述，大学生建立正确的自我管理理念，实现个人的成长和发展除了通过自我认知、目标制定、计划管理、时间管理、自律和坚持、管理压力和情绪以及自我反思和调整等方法，更重要的是，要有耐心和恒心。大学生要坚持并依靠这些正确的自我管理理念，以实现个人的成就和全面发展。

三、创建自我管理平台，培养正确的自我管理理念

新一代学生，特别是"00后"学生，在全球化时代下，知识储备更丰富，知识获取途径更多元，具有思想开放、个性鲜明、理想淡薄、自信张扬等特点。新时代的大学生在政治上具有从简单的政治热情走向冷静慎重的思考，从表面显露的政治关注走向较为隐蔽的内心关注的特点，[1]但他们政治理论较为薄弱，容易受到错误信息的影响，不过智力活跃，对新奇事物充满好奇心，也有一定的洞察力来弥补遗漏；行为上，他们敢于表现自己，同时自我控制能力低，如果遇到问题和矛盾冲突，容易失去理智；他们心理上自信、热情，但抗压能力低，可以是充满希望和矛盾的一代。在新时代，高校必须坚持立德树人的根本任务，找到大学生自我管理的最佳途径。肖姆林斯基说，真正的教育是自我修养，只有不断鼓励新时代的大学生自我学习、自我管理、自我服务，才能实现有效的管理。

学校要把立德树人根本任务落在实处，就需要把立德树人的根本理念与学生自我管理理念有机融合在一起，处理好二者之间的关系，确保教育改革沿着正确的方向发展，从而为中国特色社会主义建设培养更多合格的人才。立德树人的目的是培养德智体美劳全面发展，并具有一定创造性人格的时代新人。这要求立德树人目标主体也就是大学生不仅要有丰富的专业知识，还要能够不断提升自身的综合素养，充分发挥自身的聪明才干，发挥主观能动性，努力使自己在立德树人教育中成为"自树"主力军。

要实现上述目标，首先，学生管理工作者要帮助大学生树立主体观念，明确并落实大学生的主体地位，激发大学生内在"主体目标"概念，使大学生在形成自我意识的基础上实现"自我树立"。其次，学生管理工作者遵循

---

[1] 梅晓芳，杨智强.新时代大学生自主管理的重要意义与实现路径[J].经济师，2020（7）：182-184.

以人为本的理念，激发大学生"自我树立"的内生原始动力，培养学生自主管理的能力。在大学阶段，大学生除了获取专业理论知识，更多的是寻找和发现事物的规律以及获取知识的方式方法。在日常的学生教育管理中，学生管理工作者应该把已经模式化、程序化、刻板化的老套过时的训导方式转化为学生喜闻乐见的个性化、创新化、多样化的激励方式，提升学生自主管理的主体性和"自我树立"的积极性，从而激发大学生认真学习、努力提高自身综合素质的内生学习原动力，为培养德智体美劳全面发展的时代新人打下坚实的基础。

大学生自主管理是大学生群体为提升自身素质、实现自我价值而开展的管理活动，自主并不代表我行我素、放任自我，而是有约束、有方向、有价值的管理活动，而思想政治教育就是引领正确前进方向的灯塔。特别是在新时代 "大思政"理念下，高校需要构建课程思政、日常思政、网络思政等协同育人格局，为大学生自主管理保驾护航。大学生自主管理过程要建立从上至下的制度，从学校层面来讲，需要建立畅通的信息沟通制度，如书记信箱、校长接待日、月度座谈会等，营造浓厚的自主管理氛围；从二级学院层面来说，让学生参与到学院教育教学、服务管理等评价中，并形成相应的制度，同时在学院内成立由学生组成的各种自律管理委员会，如纪律管理委员会、早晚查委员会、卫生监督委员会等，增强学生自主管理意识，搭建学生自主管理平台；从学生自主管理队伍层面来看，形成规范化的日常运作制度，如周例会制度、分类培训制度、期末述职制度等，加强学生自主管理队伍建设。在搭建学生自主管理平台时以实践活动为抓手，每月设定主题，让学生能够做到规范开展自主管理。如定期组织全体学生参与志愿服务，学生以班级为单位形成志愿服务互助小组，开展养老院爱老敬老、社区服务、文明交通疏导等活动；每年9月迎新季，由学生骨干组成迎新队伍，对新生在入学手续、住宿餐饮、校园安全、社团活动、专业规划等方面给予全方位的指导；每年6月、12月考试季来临前组织每一位同学签署《学生诚信考试承诺书》，充分调动每一位同学的学习、备考主动性和积极性；每年9月，充分发挥退伍复学大学生的专长，专门组织其参与到大学生军事训练课程的理论教学与实践教学中。这一系列的实践活动有助于大学生自主管理落实落细。

第二节　培育自我管理品质

大学阶段是大学生在初级社会化的基础上继续深入社会化的一个关键阶段。在这个特殊阶段，大学生要完成人生的一次蜕变，"要成为一个什么样的人"是在校大学生和学生工作者应当时刻思考和关注的重要问题。在这次蜕变的过程中，要努力培养现代大学生的自我管理意识，使大学生养成自我管理的良好品质。

一、自律与自控力的培养

在新时代背景下，大学生的管理模式逐渐从"他律"走向"自律"。自控力就是自我约束能力，这种能力能够帮助学生及时发现和反馈学习和生活中的各种问题，并能根据目标要求及时做出调整。成功学把自我约束力作为一个人成功的基本要素之一，缺少自我约束力是一个人成功路上最大的障碍。培根说："幸运所需要的美德是节制，而厄运所需要的美德是坚忍。"[1] 只有养成良好的自律与自控力，大学生才能真正成为自己情绪的主人，才能更加理性地思考问题、处理问题。

1. 设定明确的目标：确保知道自己想要实现什么，并设置具体、实际可行的目标。这将帮助大学生集中精力并明确方向。

2. 制订计划：制订详细的计划，包括每天、每周或每月的具体行动步骤。将目标分解成小的任务，以简化任务的完成过程。

---

[1] 弗兰西斯·培根. 培根论人生[M]. 何新, 译. 上海：上海人民出版社，1983.

3. 培养良好的习惯：通过反复的实践来养成良好的习惯。例如，每天固定的时间起床和睡觉，每天锻炼一定的时间，等等。坚持这些习惯会增强大学生的自律和自控力。

4. 增强意志力：通过锻炼意志力来增强自己的自控力。可以从一些简单的事情开始，例如控制自己的饮食习惯或克服拖延症。

5. 建立支持系统：与身边的人分享自己的目标和计划，并寻求他们的支持和鼓励。大家可以一起努力，互相监督和激励。

6. 处理诱惑：学会识别和应对诱惑，避免陷入诱惑的陷阱。可以尝试采用一些技巧，如远离诱惑源、转移注意力、使用时间管理工具等。

7. 坚持不懈：在培养自律和自控力的过程中，可能会遇到困难和挫折。重要的是保持坚持不懈的态度，相信自己并继续努力。

二、时间管理的技巧与策略

当今社会，"时间就是金钱，效率就是生命"已愈来愈被人们认识和接受，并成为现代人的座右铭。社会的发展和科技的进步，要求人们具有强烈的时间观念，从而自觉、有效地利用时间。因此，对于当代大学生来说，实施时间的自我管理并开发时间自我管理的技能就成为其学习活动中的重要任务之一。[1] 以下是一些常用的时间管理技巧和策略，可以帮助我们合理安排时间、提高工作效率。

1. 制定优先级：对任务进行分类和评估，将它们按照优先级排序。将重要且紧急的任务放在首位，其次是重要但不紧急的任务，然后是不重要但紧急的任务，最后是不重要且不紧急的任务。

2. 制定日程表：根据任务的优先级和时间要求，制定一个日程表。将任务合理地分配在不同的时间段，确保每个任务都有充足的时间。

---

1 严中华. 大学生自我管理技能开发 [M]. 广州：华南理工大学出版社，2000.

3. 集中注意力：在处理任务时，尽量避免分心和干扰。保持专注，集中精力完成当前任务，然后再转到下一个任务。

4. 学会委托和下放：将一些低优先级或不重要的任务委托给其他人或下放给团队成员。这样可以解放自己，让自己专注于更重要的任务。

5. 学会说不：学会拒绝那些对自己的时间和计划有负面影响的请求。只承诺和参与自己能够合理完成的任务和活动。

6. 利用工具和技术：利用各种时间管理工具和技术来帮助自己更好地管理时间。如使用日历应用程序、待办事项列表、时间追踪应用程序等。

7. 休息和放松：合理安排休息和放松时间，避免过度劳累。休息和放松可以提高工作效率和专注度。

8. 不要拖延：尽量避免拖延，立即处理任务，不要将它们推迟到最后时刻。使用一些拖延战胜策略，如番茄工作法或时间块技术。

9. 随时调整计划：随时根据工作情况和优先级的变化进行调整。不仅要制订计划，还要适应变化和调整计划。

采用这些时间管理技巧和策略，可以帮助大学生更好地管理时间，提高工作效率，取得更大的成就。

三、目标设定与追踪

◎（一）目标设立

1. 目标设立的内涵。

目标设立是指着眼于将来，设立方向和效果，是为自己实现目标合理组织时间和管理时间提供方向的一种技能。没有方向和目标，所有的活动项目和取得的结果都可以说有效或者无效，因为缺少了衡量效果的标准。如果没有提前设置目标，再好的学习方法都是不起作用的。

2. 目标设立原则。

设立目标必须遵守以下 5 个原则，才会对时间自我管理起到导向作用。

否则，所设目标将成为海市蜃楼，可望而不可即。

（1）目标表述必须具体；

（2）目标必须有量化标准；

（3）目标要具有可实现性；

（4）目标必须合理；

（5）目标的结果必须有时间限度。

3. 目标设置的分类。

目标设置与目标实现的时间间隔相联系，按时间实现的长短来分类，可以分为长期目标、中期目标、短期目标；按照实施计划包括的范围大小，可以分为总体目标、阶段性目标、子目标；按照活动项目分类，又可以分为学习目标、身体保健目标、社会实践目标、综合素质目标等。每一个分类下还可以做进一步细分，例如学习目标又可以分为各科目目标。

4. 目标设置的步骤。

无论哪种目标的设置，都要遵循下列步骤：

（1）多问自己几个为什么。

在设置具体目标之前，不妨问自己这样几个问题：我为什么来到这里学习？我想学到什么东西？毕业后我将从事什么工作或者我将选择什么性质的职业？进入了大学校园就意味着开始了一次"旅行"，但这次旅行是一次时间上的旅行。在时间之旅中，大学生将逐步实现自己的目标。每个人的将来都依赖于今天的计划和行为，对将来的考虑越具体、越清晰，目标的设置就更切合实际。

（2）设置总体目标，对总体目标分类。

首先，大学生应考虑清楚某些与自己学习有关的问题，然后设置总体目标。总体目标在某种程度上是和长期目标相对应的，但又不完全相同。总体目标范围较大，是一系列目标的总体，既可以是长期目标的总体，也可以是中期、短期目标的总体，也可以是各个项目目标的总体。因此，它的最基本特征是它的可分解性。总体目标的设立又是相对的,它可能是较大范围目标的一个分解部分,我们给分解的目标定义为子目标。比如小李在大学期间的总体目标是成为三好学生,但这一目标对整个人生来说不过是一个子目标。每个人的总体目标都是多个的,因此,我们要将若干个总体目标分类。例如,某位同学在入学以后确立了这样的一系列目标:通过大学英语四级考试、计算机程序员考试,其他科目成绩达到85分以上,提高自己的阅读水平,锻炼好身体,交几个好朋友,参加各类学校社团活动提高自己的综合素质,等等。我们可以将以上目标分成更为综合的大类:学习类、课外生活类、社交类、素质提高类等。这样,总体目标不至于过于繁杂,也便于学生对时间进行合理分配。

(3) 将每类总体目标分解,逐步落实。

每类总体目标都是相对于整个大学阶段将达到什么水平而设定的,对于每学年来讲,每类总体目标就有了阶段性目标,将阶段性目标进一步分解成子目标,然后逐步落实子目标。如何分解总体目标呢?我们通过下列案例来加以分析。假如小廖是数媒专业一年级的学生,传播学课程达到90分是他总体学习目标中的一个阶段性目标。为实现这一阶段性目标,他的下一步工作就是将这一目标分解成逻辑性强、分割的子目标体系,具体可以做如下的目标分解:完成课程笔记的复习,完成课程作业的复习,完成平时阶段性测验的复习工作。子目标的落实意味着阶段性目标已经实现,每个阶段性目标实现意味着总体目标的实现。将目标分解得越细致、越详细、越具体,计划实施起来就越容易。

四、增强决策能力和抗压能力

决策能力是指一个人在面对复杂情境或问题时能够做出明智、理性且有效的选择的能力。它包括以下几个方面:能够准确地识别和定义问题或情境,理解所涉及的各个方面和因素;能够收集相关的信息,并使用适当的工具和方法对信息进行分析和综合,以获得全面的背景知识和清晰的认识;能够设定明确的目标和优先次序,以便在决策过程中有清晰的方向;能够产生多个备选的解决方案或行动方案,并评估每个方案的优劣和风险;能够对备选方案进行客观的评估和比较,考虑到可能的结果、影响和约束条件;在评估和比较的基础上,选择最佳的方案,并做出明确的决策;能够有效地执行决策,并监督实施过程,及时调整和纠正。

抗压能力是指个体或组织在面对压力、挑战和困难时的应对和适应能力。它包括以下几个方面:能够辨别和认识压力的来源和性质,了解其对个体或组织的影响;能够有效地管理和调控自己的情绪,避免情绪过度激动或消极情绪的产生,保持冷静和积极的心态;能够有效地应对和解决问题,找到可行的解决办法,并采取积极的行动;能够灵活地适应变化和调整,抵御外界的压力和挑战,并找到新的应对方式;具备积极的社交能力,能够获得他人的支持和帮助,建立健康的人际关系网络;自我调节和关注健康:能够合理安排时间和任务,保持适当的工作与休息,关注自己的身体和心理健康。

决策能力和抗压能力是两项重要的个人技能,不仅能够帮助个体应对工作、学习和生活中的挑战,还有助于提高效率和质量。同时,决策能力和抗压能力也可以通过学习、训练和实践不断提高和发展。重要的是要认识到每个个体在应对压力上的独特性,因此个人可能对不同的压力源和应对策略有不同的反应。

◎(一)增强决策能力

1. 收集信息:在做决策之前,收集尽可能全面和准确的信息,包括调查研究、咨询专家或参考相关的数据和报告。

2. 分析和评估:仔细分析和评估各种选择和可能的结果。权衡利弊,考虑长期和短期影响,并基于事实和逻辑进行决策。

3. 制订计划:制订详细的行动计划,包括目标、时间表和资源需求。确保计划合理,并为潜在的风险和挑战做好准备。

4. 深思熟虑:对于重要的决策,给自己充足的时间。避免仓促决策,必要时寻求他人的意见和建议。

5. 学会从失败中学习:不要害怕失败,而是将失败视为学习和成长的机会。分析失败的原因,并从中汲取教训,以便在下次做决策时更加明智。

◎(二)增强抗压能力

1. 健康的生活方式:保持良好的身体健康对于应对压力非常重要。在日常生活中注重健康饮食、充足睡眠和适度运动,以增强身体的抗压能力。

2. 找到情绪管理的方法:掌握情绪管理技巧,如深呼吸、冥想和放松练习。这些方法可以帮助人们冷静下来、控制情绪,并减少压力带来的负面影响。

3. 改变思维方式:积极乐观的思维方式能够提高抗压能力。尝试寻找积极的方面,培养应对挑战和困难的韧性。

4. 分解任务并设定优先级:将大的任务分解成小的可管理的部分,并根据优先级进行安排。按照先后顺序逐一处理任务,这样可以减少压力的累积。

5. 建立支持系统:与家人、朋友或同事建立良好的支持和沟通关系。分担困扰和压力,寻求帮助和支持。

6. 寻找平衡:学会平衡工作和个人生活之间的需求。合理安排时间,给自己充足的休息和放松的机会。

7. 接受事实:接受有些事情超出自己的控制范围,不能完全控制一切。学会接受事实,并专注于自己可以控制和改变的事情。

通过实践和坚持,大学生可以逐渐提升自己的决策能力和抗压能力,成为更加果断和坚韧的个体。

第三节　提升自我管理能力

大学生自我管理能力对学生的学业进步、个人成长、事业发展具有重大的影响。大学生自我管理能力培养应该作为学生培养的一项重要工作。学术界在大学生自我管理现状调查的基础上，综合分析大学生自我管理的影响因素，并提出促进大学生自我管理能力的实现路径。[1]

一、学习方法的改进与学习效果的提升

大学阶段是人生教育的一个关键时期，对人一生的发展意义重大。同时，21世纪的大学生肩负着这一时代所赋予的角色和使命，对未来科技进步承担重大的责任，所以每个大学生都应该根据自己的实际情况，制定适合自己的学习方法。而想要找到正确的学习方法需要做到以下几点。

◎（一）把握差异

与中学阶段的学习相比，大学学习少了教师和父母的监督和管教，学习氛围逐渐变得宽松，学生自我支配时间充裕，这样由"硬"变"软"的学习环境，使得大部分大学生没有了学习目标和方向，缺乏学习的动力和压力，迷茫和无助成为他们的普遍心态。[2]此外，大学学习在学习内容、学习方法上也发生了较大变化。

1. 学习内容广、课程多、难度大。

中学阶段，学生一般只学习十门左右的课程，内容为一般性的基础知识。而大学里开设的课程分公共课、基础课、专业基础课、专业课四个层次，每一个层次又由许多门课程综合而成，内容量大，因而大学阶段的学习任务比中学阶段的重得多。

---

[1] 纪同娟，李魁明.大学生自我管理能力培养的探索与实践[J].现代职业教育，2020（44）：4-5.
[2] 杨琨，王祥灵，李在吉.加强大学生自我管理能力的探索与实践[J].学理论，2013（17）：324-325..

2. 学习方式不同。

在学习方式上，中学阶段主要是课堂讲授，教学过程中的每一天、每一节课，教师都安排得非常具体。频繁的作业和课堂提问、大量而紧凑的课堂教学是中学教学常态。而在大学里，课堂讲授相对减少，自学时间大量增加。大学为学生学习提供了非常好的环境，如大学有藏书丰富的图书馆，有设备先进的实验室，有丰富多彩的课外科研活动。同时，大学的教学计划还安排了大量的教学实验、实习、社会调查、毕业设计等教学环节。这都需要大学生自主学习和走出课堂。

3. 学习方法变化明显。

在学习方法上，中学阶段，教师教学生是"手拉手"领着教，教师对课程安排得详细周到，不少学生养成了依赖教师、只会记忆和背诵的习惯。而大学阶段则是"教师在前，学生在后"，教师引着教，提倡学生自主学习，使大学生逐渐地从"要我学"向"我要学"转变；提倡生动活泼地学习；提倡勤于思考。

◎（二）明确学习动机

在学习中，学习动机占了很重要的比例，学习目的、自身学习需要及学习诱因是其主要的组成部分。学习目的作为产生和保持学习动机的内部因素，在学习行为中起着重要的指导作用。自身学习需要，包括个体的成就欲望，对学习对象的兴趣、爱好，好奇心、求知欲、探索愿望等，是个体的内部动机。学习诱因，也就是通常说的外部动机，指激发行为的外部环境，如学习成绩、考试分数、奖学金、优秀学生表彰等。

大量研究显示，当学习动机适中时学习的效果达到最佳。大学生主要有四类学习动机：报答性和附属性学习动机、自我实现和自我提高的学习动机、谋求职业和保证生活的学习动机、事业成就的学习动机。多元的学习动机带来多元的学习动力，一个有明确学习动机的人更有可能在学习中获得成功，并在个人和职业生涯中取得成就。

◎（三）掌握学习方法

1. 高效的学习方法。

通用的高效学习方法包括SQ3R学习法和PQ4R学习法。SQ3R学习法指按"浏览、发问、阅读、复述、复习"五个步骤进行学习；PQ4R学习法是一个能有效帮助学生理解和记忆的学习方法，PQ4R分别代表预览、设问、阅读、反思、背诵和回顾六阶段。还有根据记忆的艾宾浩斯曲线确定记忆时间点（20分钟、1小时、8小时、1天、2天、6天、31天），将短期记忆转变成长期记忆；利用记忆的"全盘利用"等学习方法和一些记忆手段（如关联法、字母法）记忆具体事物，即借助感官、运动、幽默、想象、数字编号、符号、颜色、顺序、积极的形象来进行记忆等学习方法。

2. 个性化的学习方法。

个性就是个别性、个人性，就是一个人在思想、性格、品质、意志、情感、态度等方面不同于其他人的特质，这个特质表现于外就是他的言语方式、行为方式和情感方式等。任何人都是有个性的，每个人都应该找到属于自己的个性化学习方法。

二、解决问题的思维模式

思维模式指解题者由问题的条件、性质及自身的个性特点，在解题过程中长期形成的相对稳定的思维类型。

◎（一）直觉式

直觉式指在解决问题过程中，不经过自觉的、有意识的逻辑推理，而是凭直觉做出判断的解决问题的思维模式。其特点是速度快，正确性较高。直觉式解决问题的思维模式并非神秘莫测。其过程中的许多中间环节都省略了，所以能对问题做出快速的反映和观测。其基础是个人丰富的经验和渊博的知识，以及由此而产生的果断的意志品质。执行公务的公安刑警、抢救病人的医生等善于运用直觉式思维模式。

◎（二）分析式

分析式指在解决问题过程中，对事实材料做充分分析，并进行严格的逻辑推理，最后使问题得到解决的思维模式。其特点是分析周细，推理严格，结论科学。但有时该思维模式的步骤显得繁杂，耗费时间太多，于是在实际运用中，人们往往给予适当的简化，以提高时效。

◎（三）试误式

试误式是尝试错误式的简称，指在解决问题中，不对解决问题的原则、方法等做周密的思考，而用尝试去解决问题的思维模式。其特点是耗时多和成效低，盲目性大，弯路长。不过在对解决问题的方式方法进行大致的分析之后的高层次的试误，会克服以上缺点。

◎（四）顿悟式

顿悟即指突然醒悟明白。顿悟式指在积累了大量材料之后，经过分析、比较、推理而无法解决问题时，经受偶然的刺激，突然明白了解决问题的途径和方法的思维模式。其特点是不可预测性、自发性、科学性。其赖以产生的前提一是大量材料的积累，二是艰苦卓绝的思考。

在复杂的社会生产实践中，人们往往是对以上几种思维模式进行综合运用，随着问题的改变而分别有所侧重。教师在教学中应引导学生正确评价每种思维模式的优缺点，逐步分析自己的思维模式，灵活综合运用各种思维模式，从而培养自己解决问题的能力，提高学习效率。

三、成长型人格的培养

◎（一）人格的基本特性

1. 整体性。

人格是由多种成分构成的一个有机整体，具有内在统一的一致性，受自我意识的调控。人格整体性是心理健康的重要指标。当一个人的人格结构在各方面彼此和谐统一时，他的人格就是健康的。否则，可能会出现适应困难，甚至人格分裂。

2. 稳定性。

人格具有稳定性。个体在行为中偶然表现出来的心理倾向和心理特征并不能表征他的人格。俗话说，"江山易改，本性难移"，这里的"本性"就是指人格。当然，强调人格的稳定性并不意味着它在人的一生中是一成不变的，随着生理的成熟和环境的变化，人格也有可能产生或多或少的变化，这是人格可塑性的一面，正因为人格具有可塑性，才能培养和发展人格。人格是稳定性与可塑性的统一。

3. 独特性。

一个人的人格是在遗传、环境、教育等因素的交互作用下形成的。不同的遗传、生存及教育环境，形成了各自独特的心理特点。人与人没有完全一样的人格特点。所谓"人心不同，各有其面"，这就是人格的独特性。但是，人格的独特性并不意味着人与人之间的个性毫无相同之处。在人格的形成与发展中，既有生物因素的制约作用，也有社会因素的作用。人格作为一个人的整体特质，既包括每个人与其他人不同的心理特点，也包括人与人之间在心理、面貌上相同的方面，如每个民族、阶级和集团的人都有其共同的心理特点。人格是共同性与差别性的统一，是生物性与社会性的统一。

4. 功能性。

人格决定一个人的生活方式，甚至决定一个人的命运，因而是人生成败的根源之一。当面对挫折与失败时，坚强者能发愤拼搏，懦弱者会一蹶不振，这就是人格功能的表现。

◎（二）弗洛伊德的人格"三我"结构

弗洛伊德的人格理论包含了"三我"结构，这是指人格的三个组成部分，分别是本我（Id）、自我（Ego）和超我（Superego）。弗洛伊德认为，这三个部分相互作用，共同决定了个体的行为和性格特征。在理想的情况下，自我能够平衡并调解本我和超我之间的冲突，在满足个体的需求同时与社会保持和谐。然而，如果这种平衡失调，可能会导致焦虑、冲突和人格问题的出现。

1. 本我：本我是人格结构中最原始的部分，代表着本能和欲望。它是人类生存本能的储存库，追求满足基本生理和心理需求的快乐感。本我是无意识和冲动驱动的，不受现实界的限制。它主要受生理冲动、原始欲望和无意识渴求的控制。

2. 自我：自我在人格结构中处于中间地带，是一个现实感知和判断的出发点。它的作用是调解本我和超我之间的冲突，同时考虑现实界的限制与因素。自我是有意识和理性的，它通过合理的决策和行动来满足本我的需求，同时遵守社会准则和道德规范。

3. 超我：超我是人格结构中的道德和规范部分。它存储着个体的道德价值观、规范和社会规则。超我是通过社会化和道德教育形成的，代表着个体的理想自我形象和道德意识。超我监督和约束本我的冲动和欲望，通过道德标准来评价和规范自我的行为。

四、自我评估与反思

培养自我反省和自我评估的习惯是一种积极的生活方式，可以帮助大学生了解自己的优点和缺点，发现自己的潜能和不足，提高自我认知和自我发展的能力。

◎（一）知识、技能的自我评估与反思

1. 课堂教学中的自我评估与反思。在课堂上个对问题进行充分探索、讨论以后，对自己探索出的解决问题的方案做自我评价：成功的原因是什么？

得到了什么学习经验？失败的原因是什么？应做如何改进？我的探索方法优势是什么，弱点是什么？应汲取别人的哪些成功经验？以此来培养自我评价的方法。

2. 在学习进程中进行自我评价。在学习的各个不同阶段，经常回顾自己的学习历程，进行自我评价：自己在学习上投入了多少？收获了多少？学得好的时候的原因是什么？学得差的时候的原因又是什么？从中得到了什么启示？在以后的学习中该做哪些努力？如何采用适合自己的学习方法进行学习？如何去面对学习的成功？又如何去面对学习的失败？应该树立什么样的学习观？以此来培养自我评价的能力。

3. 在知识技能考查之后进行自我评价。大学生应该在每次的基础知识考查之后，进行自我总结、自我评价：总结失败的原因，找到成功的学习经验，应汲取什么教训？在以后的学习中应注意什么问题？如何改进自己的学习方法？如何端正自己的学习态度？以此来培养自我评价的能力。

◎（二）情感、态度的自我评估与反思

情感和态度的自我评估与反思是一种有益的方法，可以帮助大学生了解自己的情感状态和态度，并对其进行调整和改进。以下是一些可以用于情感和态度自我评估与反思的方法。

1. 自省与观察：停下来，静心观察自己的情感和态度。思考自己在不同情境下的情绪体验，对事物的看法、态度和反应。

2. 识别与记录：识别并记录下自己的情感和态度。可以通过写日记或记录情绪的方式来帮助自己感知和了解内心的情感状态。

3. 分析与探索：分析探索情感和态度背后的原因和影响因素。思考是什么导致了这种情感或态度，是内在因素还是外部环境的影响。

4. 评估与判断：客观评估自己的情感和态度是否合理、积极、适应当前情况。考虑它们对自己的影响以及对他人和环境的影响。

5. 反思与调整：进行反思，思考如何调整和改进自己的情感和态度。思考如何更积极地应对情感，以及如何养成更健康和积极的态度。

6. 行动与实施：制订具体行动计划，积极地实践调整和改进自己的情感和态度。通过行动来增强积极情感和培养良好的态度。

7. 持续反馈与调整：定期回顾和反馈自己的情感和态度的改变。通过不断地反馈和调整，进一步完善自己的情感和态度。

情感和态度是个体内心的表达，对个体的情绪、心理和行为有重要影响。通过自我评估与反思，我们可以更好地认识自己、理解自己的情感和态度，从而更好地应对挑战、调整心态、改善人际关系和助力个人成长。

第四节　大学生自我管理的实践方法

多年来，我国高校积极探索培养大学生自我管理能力和提高大学生自我管理水平的有效方法，积累了丰富的经验。大学生可以通过目标管理、时间规划来加强自我管理。本节主要介绍四种管理方法。

一、利用 SMART 原则进行目标管理

◎（一）什么是 SMART 原则

SMART 由 Specific（具体的）、Measurable（可衡量的）、Attainable（可实现的）、Relevant（相关的）和 Time-based（时限明确的）首字母缩写而成。[1] SMART 原则以初期设定组织目标为导向，以最终实现结果为评判标准，通过对目标层级自上而下的设立来达到过程管理中的自我控制与监督，最终实现其目标。将 SMART 原则运用于大学生自我管理的实践中，能帮助大学

1　夏丹.基于 SMART 原则的高校预算绩效目标管理机制——以 F 高校为例[J].商业会计,2021(16):68-71.

生制定具体的、可衡量的、可实现的、相关的和时限明确的目标，以便更有效地实现自己的目标。

具体性是 SMART 原则的核心，它要求目标清晰明确，具有可操作性；可衡量性要求目标能够用数据来衡量，以便于检查进度；可实现性要求目标在实施者的能力范围内，确保方案可行；相关性要求目标与其他目标具有关联性，能够促进整体目标的实现；时限明确则要求为目标设定一个明确的完成时间，以便于推进计划的实施。

通过 SMART 原则，大学生可以更加清晰地了解目标，更加有效地实现它们。例如，将"考取教师资格证"这一目标转化为"在一年内每天进行定量课程学习、刷题练习考取教师资格证"，这样目标更加具体、可衡量，并设定了明确的时限，有助于更好地实现目标。对于长远的目标，大学生也有必要进行细化。

◎（二）SMART 原则使用方法分析

首先，大学生需要学会给自己定目标，如学习技术、语言、阅读书籍等，但对于目标的考核更为重要。在使用 SMART 原则分析问题时，任务一定要清晰明确，目标不宜过高也不宜过低，如将考取教师资格证目标改为教师资格证笔试"综合素质""教育知识与能力"每科达到 90 分以上，确定一个具体的数值或数值范围，到时候完成得怎么样就很好衡量了。

其次，大学生需要确定时间计划，如 3—8 月备考，9 月通过笔试。但这个目标还是比较大，具体如何执行呢？需要对目标继续拆分，可以采用 OKR（Objectives and Key Results）法（目标与关键成果法，是一套明确和跟踪目标及其完成情况的管理工具和方法）把大目标拆分为多个子任务：学习"综合素质""教育知识与能力"及专业课知识，熟练掌握大纲考点，完成对应练习。

比较大的目标一定要拆分为多个子目标、子任务，可以从上往下多个层级拆分，最终的一个子任务要控制在合理范围内（如一周内），方便执行和跟进。在这个过程中，大学生也可以给自己适当制定一些激励措施，如旅游、吃大餐、看电影等，确保能更好地坚持下去。

二、SWOT 分析法

◎（一）SWOT 分析法的提出

20 世纪 80 年代初，美国旧金山大学海因茨·韦里克教授提出了 SWOT 战略分析方法[1]（简称 SWOT 分析法）。SWOT 分析法是基于内外部竞争环境和竞争条件下的态势分析，综合选择最佳战略的方法。其中，S 是指自身的内部竞争优势（Strengths），W 是指自身的内部竞争劣势（Weaknesses），O 是指外部环境的竞争机会（Opportunities），T 是指外部环境的竞争威胁（Threats）。[2]SWOT 分析法包含内部的优势和劣势、外部的机会和威胁四个分析维度，包含 SO（优势＋机会）、WT（劣势＋风险）、WO（劣势＋机会）、ST（优势＋风险）四种组合策略。

SO（优势＋机会）：增长型战略，是最理想的战略模式。当事物发展具有某方面特定优势，而外部环境恰好为发挥这种优势提供了有利机会时，采取该战略模式为最佳选择。

WT（劣势＋风险）：防御型战略。需要警惕外部环境的威胁，减少自身存在的弱点，从而谋求生存性发展。

WO（劣势＋机会）：扭转型战略。既有内部劣势带来的挑战，也有外部环境带来的机遇，需要面对挑战思考应对措施，从而扭转格局，取得发展。

ST（优势＋风险）：警惕型战略。面临较大外部风险，虽然内部优势可以冲抵外部风险带来的挑战，但是仍需要谨慎考虑，需要充分利用自身优势，

---

[1] 孟玥辛，王延臣. 基于 SWOT-PEST 矩阵的叮咚买菜发展状况分析与对策研究 [J]. 投资与创业，2022，33（20）：51-53.

[2] 张扬，张新民. 独立学院师资队伍建设的 SWOT 分析 [J]. 世界教育信息，2009（1）：46-48.

回避或减少外部威胁。

SWOT 分析法，在企业发展战略制定、竞争对手分析、商品市场定位，以及个人职业规划等领域得到了极大应用，取得了较好的应用效果，也逐渐发展成为现代管理学中制订战略计划的重要方法。

当代大学生同样可以利用 SWOT 分析法对自我管理发展进行分析，以期加强自我管理能力，实现既定目标。在完成目标任务时可借助 SWOT 分析法，分析完成已设定目标任务的机遇、优势、劣势，以及面临的挑战，进而有效分析目标完成的可行性。基于分析结果，优化实现目标任务的策略。

◎（二）SWOT 分析法的具体实施

1. 下面以大学生创业为例进行 SWOT 分析。

（1）大学生创业优势分析。

新时代大学生普遍具有如下优点：在信息时代，信息差成为成功的关键因素，而大学生拥有较强的信息搜集能力，他们能从各种渠道搜集到海量的创业资讯，并能从中分析、评估、筛选有效信息，从而寻找适合自己的创业方向。大学生思维较为敏捷，思维模式前卫，接受新鲜事物快，会提出新颖的看法，具有很强的创新能力。大学生作为高素质社会阶层，自主学习知识的能力强，能积极主动地学习和掌握创业所需要的知识、专业技能、组织技巧和人际沟通技巧，能在丰富的社会实践活动中，了解创业所要经历的基本流程，并通过创业来培养自己的管理能力。除此之外，大学生具有积极的精神，且有一定的创新能力，这些特质有助于他们在创新创业中快速接受新鲜事物，并在过程中不断寻求"突破点"，从而形成自身独有的优势。

（2）大学生创业劣势分析。

创业是将个人创造力、理论知识和实践活动有机结合的一种实践活动，是"知行合一"的具体体现。毋庸讳言，大学生由于社会经验匮乏，尽管掌握一定的理论知识，但是在实践素质和职业技能上与社会创业者相比不具备太大优势。他们对社会环境的认知不够,所做的商业项目缺乏最精准的商机,经不起市场的检验,常处理不好对创业风险的预测和规避等问题。更有一些高校不愿投入大量的人力和物力来开展大学生创业教育,存在教师队伍薄弱、大学生创业方向选择困难等问题,导致大学生缺乏创业动力。并且部分大学生面对创业困境,缺乏实际经验,容易出现焦虑、恐惧、退缩等心理问题,缺乏良好的创业心态,心理承受能力差,这不但会影响他们创业,更会给他们的人生带来消极影响。

(3)大学生创业面临的机遇。

近年来,国家在财政支持、税收、项目申请、创业技术支持等方面出台了一系列扶持大学生自主创业的政策。比如,放宽创业注册条件,放宽创业经营场地租买条件,降低行政管理费用,为大学生提供优质、高效、便捷的创业服务;推出税收优惠、创业助学金,奖励成功创业企业等优惠政策,为大学生创业提供良好机会。同时,大学生创业培训的科研经费也逐年增多,为大学生创业能力发展搭建了良好的平台,为高校创业型人才培养营造了良好氛围。促进大学生创业举措的推出,有利于培养具有较高专业素质的创业型人才,可以使大学生更好地学习如何创业,对自主创业有更全面的认识。

(4)大学生创业面临的风险。

面对不断变化的市场,创业的早期决策往往会产生偏差,这些都会使大学生的创业活动更加困难,从而造成大学生的创业失败,给大学生造成经济上的损失和心理上的负担。因此,大学生要学会如何解决创业过程中的问题。同时,社会和高校应该给予大学生帮助和引导。现实情况是,部分高校的创业教育课程体系还不健全,主要集中在课堂上教授基础知识,缺乏企业、社会组织的参与,导致大学生缺乏创业实践能力。此外,创新创业教育是一个综合性的教学过程,目前一些高校教师的知识结构、职业能力与创业教育的实际需求并不相适应,难以持续引导学生创业。

2. 基于以上 SWOT 分析结果，笔者对大学生创业能力培养提出以下对策。

（1）通过 SO 战略发挥优势，利用机会。

大学生要充分利用大学生创业的外在机会进行创业，认真了解政府、高校为大学生创业提供的优惠政策，调动大学生创业的内在优势，提升创业自我效能感和创业能力。通过 SO 战略，大学生应学会利用自身优势，把握机遇进行创业，以适应经济发展的需要，积极投身到创业的大环境中。高校也应该为学生提供创业技能方面的实际支持和培训，为大学生提供前沿的市场信息、良好的实践平台、系统的创业教育体系，整合社会各方面的创业力量，提升大学生创业能力。

（2）通过 WO 战略克服劣势，抓住机会。

在创业初期，针对创业资金短缺、社会资源匮乏、实践能力不足等问题，大学生应积极落实当地政府的扶持政策，结合政策弥补创业初期的劣势。通过 WO 战略，大学生应时刻保持危机意识，努力克服自身不足，把握创业机会，争取把大学生创业的弱点变成创业优势。例如，大学生应积极参与创业教育和创业技能培训，弥补自身社会实践经验不足和心理承受能力弱的问题。此外，大学生还要深入开展市场调研，了解行业发展的方向，清晰地认识到市场真正的需求，以更好地通过创业实践提升自身的创业能力。

（3）通过 ST 战略利用优势，规避威胁。

大学生创业可能会受到来自市场变化的威胁，他们需要利用自己的优势，选择有效的方式来提高自己的核心竞争力；发挥自己的智慧，利用内部优势避免或减轻外部威胁的影响。高校更应该注重培养学生的创业能力，引导学生学会利用自身优势挖掘创业机会，理性选择创业方向，通过实践活动探寻创业的可行性，在创业中锻炼自己。

（4）通过 WT 战略减少劣势，规避威胁。

为了真正实现创业，学生需要克服自己的劣势，应对创业时面临的不同挑战，可通过 WT 战略克服弱点，消除威胁，不断学习创业知识，提高自身素质和能力。创业是不断获得不同类型知识与技能的过程，大学生应从实际出发，制衡不利因素的负面影响，扬长避短，科学创业，以便能从多个角度分析创业方向的优劣并做出整体决策，在多变的市场环境中做出明智的选择。同时，大学生要顺应时代发展趋势，充分利用各方资源，不断提高创业能力，在实践中做出合理的判断，将创业失败的概率降到最低。

通过以上案例学习，大学生可将SWOT分析运用到日常学习生活中的各个方面，全面准确的策略分析能够帮助我们更快实现目标。

三、番茄工作法则

◎（一）什么是番茄工作法则

番茄工作法则是一种简单易行的时间管理方法，是一种更加微观的时间管理方法。正确使用番茄工作法则，选择一项待完成的任务，设定一个番茄时间，在番茄时间内专注工作，中途不允许做任何与该任务无关的事，直到番茄钟响起，然后在纸上画一个记号，记录下来；接着设定一个番茄休息时间，短暂休息一下。结束一天的工作后，根据记录对当日的工作学习情况进行复盘，同时可以对第二天的时间进行规划。

使用番茄工作法则能够帮助我们更好地实现自我管理，减轻时间焦虑，在完成任务的过程中提升集中力和注意力，减少中断，增强决策意识，唤醒激励和持久激励。当我们成功地使用番茄工作法则完成目标任务后，能够巩固我们达成目标的决心，同时也能完善预估流程，针对有缺陷的步骤进行改进，强化自身决断力，确保下一次保质保量地完成任务。

◎（二）番茄工作法则的原则

1. 一个番茄时间（25分钟）不可分割，不存在半个或一个半番茄时间。
2. 一个番茄时间内如果做了与任务无关的事情，则该番茄时间作废。
3. 不要拿自己的番茄数据与他人的番茄数据比较。

4. 番茄的数量不能决定任务最终的成败。

5. 必须有一份适合自己的作息时间表。

◎（三）番茄工作法则的使用流程

1. 每天开始的时候规划这一天要完成的几项任务，将任务逐项写在列表里（或记在软件的清单里）。

2. 设定你的番茄时间（定时器、软件、闹钟等），一个番茄时间是 25 分钟。

3. 开始进行第一项任务，直到番茄钟响铃或提醒（25 分钟到）。

4. 停止工作，并在列表里该项任务后画个 ×。

5. 休息 3 到 5 分钟，活动、喝水、方便等。

6. 开始下一个番茄时间，继续该任务。一直循环下去，直到完成该任务，并在列表里将该任务划掉。

7. 每四个番茄时间后，休息 25 分钟。在某个番茄时间的过程里，如果突然想起要做什么事情，若这件事必须马上做，则停止这个番茄时间并宣告它作废（哪怕还剩 5 分钟就结束了），去完成这件事情，之后再重新开始这个番茄时间；如果这件事不是必须马上去做，则在列表里该项任务后面标记一个逗号（表示打扰），并将这件事记在另一个列表里（备注为计划外事件），然后接着完成这个番茄时间。

◎（四）番茄工作法则的使用案例

以这样的时间表为例：08：30—13：00/14：00—17：30。

08：30，小林启动了这天的第一个番茄时间。他可以用这个番茄时间回顾此前一天他做的全部工作，过一遍活动清单，并填写今日待办表格，也填上当前这个规划活动。在同一个组织管理番茄时间内，小林还应检查书案上是否一切就绪，并做一些整理。番茄钟铃响，记 ×，休息。

下一个番茄时间开始，这是第一个实务番茄时间。这样进行三个实务番茄时间。一组四个番茄时间过去了，接下来就是一段较长时间的休息。尽管还愿意继续工作，小林还是决定休息一下，以面对后续的紧张工作。过了20分钟左右，他启动一个新的番茄钟。四个番茄时间后，小林看了看表，12:53了，刚够时间让他整理一下书案，他收起四散的文件，并检查了今日待办表格的消息和填写无误，然后去吃午饭。

14:00，小林回到书案，启动番茄时间继续工作。在相邻两个番茄时间之间，他的休息时间不长。四个番茄时间后，他累了，但仍然还有几个番茄时间要做。他觉得需要好好休息一下，于是出去溜达溜达。30分钟后，小林开始一个新的番茄时间。番茄钟铃响，记×，休息。最后，小林把预留的番茄时间用来回顾当天的工作，填写记录表格，就可能的改进记下一些意见，为明天的待办表格加一些说明，并清理书案。番茄钟铃响，短暂休息。小林看看表，17:27了。他整理好位置上凌乱的文件，排好活动表格的顺序。17:30，空闲时间开始。

对上面场景有两条说明：第一，实务番茄时间与工时/学时并不一致。八小时的工作/学习中，有两个番茄时间是专门用于组织管理，有两个番茄时间用于实务操作。第二，时间的推移永远是番茄工作法则中的次要因素。如果没有不可控的中断，上午和下午于何时结束，由连续的番茄时间决定，作为工作、学习结束指标的是番茄时间序列及其中间的休息。

四、时间四象限法则[1]

◎（一）时间四象限法则特点及处理原则

时间四象限法则是由美国管理学家史蒂芬·柯维在其《要事第一》一书中提出的。[2] 四象限法则主要用于时间管理，该法则的主要含义是把紧急和重要性这两个维度变量划分成四个区间，然后按照四个区间的定义将计划事项

---

[1] 谢冬子. 时间四象限法则 [J]. 今日教育（幼教金刊），2022（4）：31.
[2] 罗杰·梅里尔，丽贝卡·梅里尔. 要事第一 [J]. 中国电力企业管理，2016（36）：95.

对号入座（如图2-1），通过象限划分对目标事项进行有效管理。

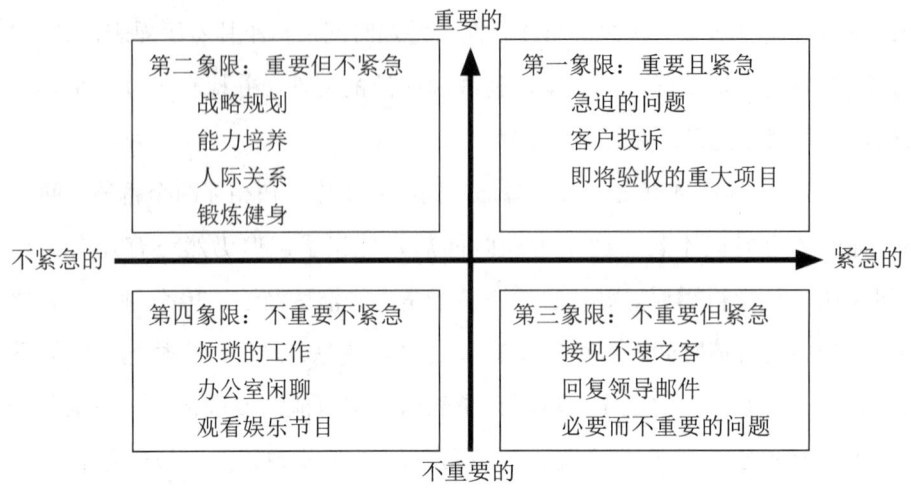

图2-1　时间四象限法则

第一象限：重要且紧急。该象限的事务要立刻马上做，包括急迫的问题、即将到期的任务等。第二象限：重要但不紧急。该象限的事务是最需要做的事，也是最易被忽略的，经常出现一拖再拖的现象。需要制订计划，按时完成，进入良性循环。第三象限：不重要但紧急。该象限事务因为紧急，具有较大的欺骗性，会产生"这事很重要"的错觉，实际上对自己并不重要，只是满足别人的期望与标准。第四象限：不紧急也不重要。该象限的事情大多是琐碎的杂事，没有任何重要性，基本属于浪费时间。

时间四象限法则基于两个维度：事项和时间。随着时间维度的推移，事项性质会随之发生变化。四象限事务的时间分配需要充分考虑时间分配的合理性，保证事务分配在合理的象限，做好事项和时间两个维度的动态调整，确保在有限的时间内让工作效率最大化。四个象限的时间分配，一般可以按照20∶50∶25∶5的比例进行。根据"二八定律"，20%的事项起决定性作用，其余80%的事项起辅助性作用。也就是说，第一象限重要且紧急的事务所占时间比例为20%，确保有20%的关键性事务稳定在第一象限，保证有足够的精力和时间去完成重要且紧急的事务；第二象限为重要但不紧急的事务，是需要投入精力并长期坚持的事项，关乎人生、事业的长期规划发展，第二象限分配的时间比例为50%，持之以恒地把时间和精力投入第二象限的事情中，确保重要事务长期推进良性发展；第三象限分担的更多的是日常性事务，必须完成但并不十分重要，可以用相对琐碎和状态欠佳的时间去处理该象限的事务，分配的时间比例为25%；第四象限为不紧急也不重要的事情，但也是客观存在的事务，分配时间比例为5%。

时间四象限法则能够将事项的紧急性和重要程度完美展现，可以帮助大学生做好时间管理和规划，提高工作和学习效率。

DAXUESHENG
ZIWO GUANLI JIAOYU YU SHIJIAN
（XIAOYUAN HUODONG）

第三章
大学校园文化活动的概述

第一节　大学校园文化活动的内涵

一、大学校园文化

什么是大学校园文化？广义上讲，大学校园文化作为一个有机的系统，是高校全体成员在学校生活、工作、学习过程中共同创造的物质文化、制度文化、行为文化和精神文化的总和；狭义上讲，校园文化是指以学生为主体、教师为主导，在学校这个空间逐渐形成的文化形态，包括校园精神，校园风貌，师生的价值观念、伦理道德、行为规范、生活方式、人际关系等。大学校园文化的主体是在大学工作和学习的全体人员。

北京师范大学教授张东娇曾表示："学校文化的内涵是由精神文化、制度文化、行为文化和物质文化四个方面构成的，其结构并不是金字塔式的而是一种'鼎结构'，其精神文化起着统领的作用。"[1]

大学校园精神文化的形成主要包括校风、教风、学风、班风的建设，学生逻辑思维模式的培养、学生情绪情感表达方式的塑造，以及思想道德的教育等。大学校园制度文化是大学校园精神文化在制度上的具体表现，包含学校的各种规章制度、行为规范与道德准则的要求，是校园的正常秩序，是学生学习生活的有力保障，如校训、校纪、校规、班规、学生守则等。大学校园行为文化是一种特殊的文化形式，是大学校园精神文化的人格化，是学校教师和学生表现于外的行为习惯和行为方式等，是学校教师和学生在教学、科研、学术交流、管理、学习以及生活娱乐等实践活动中产生的文化。大学校园物质文化是大学校园文化的空间物态形式，是大学校园精神文化的物质载体，包括教学楼、实验楼、图书馆、文娱体育活动设施，以及优美的环境等。

大学校园文化是高校大学生进行活动的一项必不可少的组成部分，代表

---

[1] 新华社.专家：学校文化的内涵包括精神、制度、行为和物质文化四方面 [EB/OL].http://www.xinhuanet.com/politics/2016-08/17/c_1119408459.htm.

的是一所高校的软实力和灵魂所在，是向社会各方面展示其高校的魅力，凝聚师生并提高学校文明程度的一项重要体现。

《中共中央 国务院关于进一步加强和改进大学生思想政治教育的意见》（中发〔2004〕16号）明确指出高等学校校园文化是社会主义先进文化的重要组成部分。加强校园文化建设对于推进高等教育改革发展、加强和改进大学生思想政治教育、全面提高大学生综合素质，具有十分重要的意义。

每所大学都有属于自己的校园文化，蕴含着高校的特色基因，积淀着高校丰厚的历史底蕴，是高校全体成员普遍认同的精神价值。涵盖学校办学思想、教育理念的校园文化一旦成为全校师生的共同信念，就会体现在每个师生的价值取向、期望、态度、行为之中，体现在学校的各项活动之中。

二、大学校园文化活动

大学校园文化活动，是校园文化的载体和主要表现形式。大学校园文化活动是以学生为主体，以课外活动为主要内容，以校园为主要空间，以校园精神为主要特征的一种群体性文化活动。[1]它包括文化节、校运会、文艺汇演、歌手赛、各类竞赛（作文、书法、写作、演讲、辩论等）、读书活动、知识讲座、法律讲座等。

大学校园文化活动作为高校育人环节当中不可或缺的一部分，对培养大学生的学业功底、道德情操、理想信念、发展后劲都有着重大意义。大学校园文化活动因外显性、易参与、易交流等特点成为大学校园文化中最为活跃的因素。

大学校园文化活动兼有社会文化和校园文化的基本特征，以铸造学生灵魂、养成良好气质为核心的社会文化和以弘扬科学人文精神、造就高素质人才为核心的校园文化，在大学校园文化活动中形成有机的统一，为培养全面

---

1 祁海芹，林楠.怎样组织校园文化活动[J].辽宁广播电视大学学报，2003（2）：26-27.

发展的社会有用人才起到潜移默化的作用。

《中共中央 国务院关于进一步加强和改进大学生思想政治教育的意见》（中发〔2004〕16号）指出要精心设计和组织开展内容丰富、形式新颖、吸引力强的思想政治、学术科技、文娱体育等校园文化活动，把德育、智育、体育、美育渗透到校园文化活动之中，使大学生在活动参与中受到潜移默化的影响，思想感情得到熏陶、精神生活得到充实、道德境界得到升华。要充分利用五四青年节、七一建党纪念日、十一国庆节、"一二·九"运动纪念日等重大节庆日和纪念日，开展主题教育活动，唱响爱国主义、集体主义、社会主义主旋律。要深入开展"创建文明校园、文明班级、文明宿舍，做文明大学生"的道德实践活动，把思想道德教育的要求和任务融入大学生的学习生活之中，引导大学生从具体事情抓起，从一言一行做起，养成文明行为，培养良好的道德情操。要全面实施"大学生素质拓展计划"，通过办好大学生科技文化节、大学生"挑战杯"（全国大学生系列科技学术竞赛的简称）、大学生艺术节、大学生运动会和深入开展大学生社会实践活动，不断提高大学生的综合素质。

《国家中长期教育改革和发展规划纲要（2010—2020年）》指出，充分地去利用社会上的各项教育资源，开展各种高校课外及校外的活动。

三、举办大学校园文化活动的目的

校园文化活动的举办旨在丰富大学生的课余生活，提高身心素质，促进全面发展。

首先，举办校园文化活动的主要目的之一是创造丰富多样的学习和交流平台。可以通过邀请专家学者、企业家、名人等来校做讲座或学术论坛，让大学生能够接触到各个领域的前沿知识，拓宽自己的眼界。同时，大学生也可以通过参加文化节、展览、影评讨论等活动，了解和学习不同形式的艺术和文化，丰富自己的人文素养和审美能力。这些活动不仅可满足大学生的学术需求，还可促进大学生的知识交流和学习成长。

其次，举办校园文化活动的目的之一是培养学生的创新意识和创意能力。通过参与文化艺术团体表演、读书分享会等活动，大学生有机会展示自己的才艺，培养自己的表演能力和创作能力。这些活动能够激发大学生的创新思维，培养他们的艺术感知力和审美鉴赏力，进一步提升他们的综合素质。

再次，举办校园文化活动还有助于促进大学生的身心健康。通过组织体育比赛、健身锻炼、健康跑等活动，大学生可以锻炼身体，提高身体素质。这些活动不仅有助于大学生保持身体健康，还能培养他们的团队合作精神和竞争意识。此外，大学生还可以参加户外探险和旅行活动，亲近大自然，享受运动的乐趣，放松心情，减轻学业压力。

最后，举办校园文化活动还可以促进大学生的社交互动和团队合作。大学生可以通过参与文化艺术团体、体育社团，结识志同道合的朋友，相互交流、切磋，共同提高。此外，大学生还可以通过参加各式各样的社团活动、比赛等，培养自己的领导能力、组织能力和团队精神。这些社交互动和团队合作的经历将有助于大学生的人际关系、沟通能力和合作意识的培养，为他们的未来发展打下坚实的基础。

举办校园文化活动的目的是多方面的，既包括了学术交流和学习成长，也涵盖了创新能力的培养、身心健康的提升以及社交互动和团队合作的发展。这些活动的举办可为大学生提供一个广阔的舞台，为他们的全面发展提供良好的机会和平台。通过参与和组织这些文化活动，大学生可以获得知识的丰富、技能的提高、经验的积累和人际关系的拓展，从而更好地适应未来的社会需求，并取得个人成长和进步。

第二节　大学校园文化活动的基本特征

一、大学校园文化活动的基本特征

大学校园文化活动存在于高校校园这个特定的环境中，以广大的青年学生为主体，以各种形式的第二课堂活动和课外活动为主体。多专业、多类别的普遍交流和特殊的生活节律是其基本样式和形态。就时间而言，不同时期的大学校园文化活动有不同的特点；就地域而言，各国、各地区高校的校园文化活动也各不相同。但它们又有共同的特点。

◎（一）范围的特定性

无论是在什么地区，还是属于什么层次、类型和规模的高校，它的文化都是在校园这个特定范围体现的，是一种在高校内产生的特殊文化现象。因此，参与文化建设的人员也局限在高校的学生、教师以及校内各类行政管理人员中。大学校园文化通过对校园内相关人员的行为约束、活动规范以及思维的塑造来影响他们。

◎（二）鲜明的时代性

大学校园文化是高等教育在发展过程中，达到一定程度之后逐渐形成的。因此随着高等教育处于不同的发展阶段，与之对应的大学校园文化活动也呈现不一样的态势，其影响范围也发生改变。随着时代的发展，高等教育不断地调整其教育的侧重点。在农业经济时代，高等教育开设了宗教、医学和法律等科目，此时的校园文化涉及的人员非常有限。工业经济时代来临，高等教育的重点转移到了与各个工业部门生产有关的工业学科，校园文化也随之有了进一步的发展，其影响范围也由校园内部扩展到了社会人群，因此，大学校园文化具有鲜明的时代性。

◎（三）继承性和发展性

大学校园文化作为大众文化的一种特殊存在，其本身具有文化的共性，在社会的发展中受到社会经济的影响而不断革新。此外，大学校园文化在自身的发展过程中也有一个去伪存真、去粗取精、不断淘汰、不断积淀的过程。大学校园文化既要反映社会主义的时代精神，又要继承民族的、本地区、本学校的优良文化传统，并有所发展和创新，从而具有独特持久的历史效应。校风、教风、学风、学术传统、思维方式的形成，不是一代人，而是几代人或数代人自觉不自觉地缔造的，而且代代相传，相沿成习。在长期的发展中，优秀的校园文化一直被继承发展下来，成为源远流长的厚重积淀。

◎（四）互动性

一个大学在长期的教育教学实践过程中会慢慢积累和沉淀它的教风、学风和校风。这三"风"其实就能体现出一个学校的气骨和风貌，而学校的这种气骨和风貌反过来会影响教师的教风、教态及学术精神，也会影响学生的学风和治学的态度。因此大学校园文化不仅仅是学校或者教师能去主导和改变的，而是教师、学生、学校三方相互作用的产物，因此说校园文化具有互动性。

◎（五）交融性

大学校园文化具有鲜明的时代性。大学校园文化在时代发展的过程中继承了传统的文化，与社会文化之间相互影响、相互制约。在世界范围来看，不同的高校在文化的发展方面存在较大的差异。但是随着社会的进步，如同经济的发展一样，各个国家的高校之间就文化也会进行相互的交流，比如中国的高校与国外的高校进行文化交流与交融、相互借鉴和学习等。

◎（六）多元性与主导性相结合

当前经济成分和经济利益多元化导致的社会文化多元化，同时各大学校园文化主体的价值取向、文化修养、知识结构、志趣追求的差异，使得大学校园文化呈现多元性。无论校园文化在形式和内容上如何具有多元性，我国高校的性质以及根本任务决定了校园文化必须具有主导性，即要导向培养社会主义事业的建设者和接班人，导向集体主义价值观的确立，导向爱国主义高尚情操的陶冶。

◎（七）科学性与思想性相结合

高校有一个科学和学术空气较浓的氛围，高校的校园文化极富知识与智慧，有较强的科学性。同时，校园文化的主体还具有精神境界较高、思想敏锐的特点，因此又使校园文化的构建具有较强的思想性。

◎（八）稳定性与可塑性相结合

大学校园文化必然带有一所高校特定条件下的历史积淀，是高校精神、传统、作风的综合体现，具有一定的稳定性。同时，因为大学生的思想活跃、价值取向和人格都具有可变性，因为校园文化要受高校培养目标和教育职能的影响，所以校园文化具有较大、较强的可塑性。

◎（九）独立性与开放性相结合

大学校园文化因其特定的创造环境、创造主体、创造途径以及创造成果，形成了区别于社会文化和其他亚文化的独立的体系。同时，大学校园文化不是"经院文化"，不可能脱离社会和社会文化孤立地生存与发展。

这些特点决定了大学校园文化与一般社会主流文化有不同之处，也决定了它的形式多彩多样。传统观点认为校园文化主要分为以下几种形式：一是宣传教育，即以形势政策、爱国主义主旋律教育为主要内容的各种报告、讲座、媒体宣传等。二是各种文化活动，即知识讲座、辩论赛、讲演赛、各种征文比赛、读书活动、体育节、知识讲座等。三是社会实践，即社会调查、社会服务等。四是社团活动，即根据学生兴趣爱好自愿组成的社团组织，在学校有关部门指导下开展活动。五是社区文化活动，即以社区为单位组织的各种文化活动，包括学生社区、宿舍文化活动等。六是心理咨询，即心理测试、心理咨询等。由此可以看出，校园文化是一种融学术性、知识性、团体性、趣味性、群体性和个性为一体的活动，可充分发挥大学生青春的热情和张扬的个性，对每一个学生都具有强大的吸引力。

二、应用技术型大学校园文化活动

随着工业化、城镇化进程的加快，我国正处于经济结构调整、产业结构升级的伟大变革时期，需要大量的技术技能人才作为人力资源支撑现代社会的转型发展。建设应用技术型大学是符合我国经济社会发展及现代化建设的客观需要。从当今高等教育发展的趋势来看，现代职业教育体系的建立有着十分重要的现实意义。《国务院关于加快发展现代职业教育的决定》《现代职业教育体系建设规划（2014—2020）》明确提出加快构建我国现代职业教育体系，建设一大批服务于经济社会发展的应用技术型大学的需求。随着应用技术型大学数量的增加，在校师生人数的迅速扩大，应用技术型大学的校园文化活动也出现了独特的魅力，展示了新的特点。

应用技术型大学校园文化活动，是指以校园文化建设为依据而开展的各种科技节、学术活动、职业技能活动及文娱体育活动，是校园文化建设的重要载体。应用技术型大学因其人才培养的特殊性，决定了其校园文化活动的举行既要有普通大学校园文化活动的共性，又要有自身独有的特性。

◎（一）职业导向性

应用技术型大学教育是为了培养生产与服务第一线需要的具有高技能的人才的教育，跟普通高等教育相比具有明确的职业导向。为保证学生以后能更好地上岗就业，学生在离校之前一般要通过本专业的职业技能鉴定证书考试。学校的课程设定基本上是边学习边实践，以社会化的要求来要求学生有严明的纪律、熟练的职业技能。这样的教育方式必然产生极具职业特色的校园文化。

◎（二）社会化程度高

应用技术型大学是在社会经济发展的大背景下应运而生的，与行业的动态紧密相关，与企业之间也有着广泛而深刻的联系。为培养学生良好的职业素养，校企联合办学模式就非常有必要，这种模式也非常普遍。在校企合作中，有的企业为加强对学生的教育，培养他们的企业忠诚度和归属感，把自己的企业文化带进了校园；而学生到合作的企业进行工学交替或者顶岗实习，又将专业知识运用到了实际工作岗位上。这个过程能培养学生的职业素养，帮助学生养成良好的职业习惯，全面提升学生的综合能力。学生若有工学交替或者顶岗实习的经历，将来也能更快地找到适合自己的工作岗位，更好地适应社会。

◎（三）有明显的地方特色

高校办学一方面要依托地方经济，一方面还要服务地方经济，所以在专业设置上会随当地产业结构的调整、人才需求的变化而进行相应的调整。这就是高校办学与地方经济的一个良性循环的过程。因此应用型本科大学校园文化活动的建设也会具有浓郁的地方特色。将当地的风俗、人情与校园文化结合起来，不断融合改进，就形成了地区化的、特色化的应用技术型大学校园文化活动。

【案例分享】

绵阳城市学院在校园文化活动开展中的积极探索

绵阳城市学院在教育综合改革的过程中，也在积极探索"活动项目化、项目课程化、课程特色化"的校园文化体育活动的建设路径。为了推动高品位校园文化体育活动的开展，提高同学们的参与积极性和主动性，绵阳城市学院对有创意，有特色，有品牌，有意义的校园文化体育活动实施"项目化管理、课程化推进、社会化运作"的方式，通过"活动项目化、项目课程化、课程特色化"实现"教中做、做中学、学中悟"的理念。具体做法如下。

一、活动项目化

（一）活动项目化内涵

学校学生工作中心将学校各部门每学年需要开展的校园活动进行整理评估，对符合条件的活动以项目形式面向全体学生进行公布，学生以宿舍社区、专业学院、学生社团或楼栋、班级、兴趣小组等各种团体结构组织按项目方式进行申报和组织实施。

（二）活动项目分类

1. 思想道德类。

（1）理论与实践结合，对同学有吸引力和感召力的理论学习活动；

（2）突出时代特色，有创意的主题教育活动；

（3）国情教育、爱国主义教育实践活动；

（4）围绕校园精神文明建设，提高学生文明修养的校园文明创建活动；

（5）突出专业特色，思想性强，有一定创意的团体活动；

（6）培养学生社会责任感的校园艺术活动、社区服务活动。

2. 文化陶冶类。

（1）以弘扬民族文化、倡导高雅艺术为目标的文化交流讲座、高水平演出；

（2）展现我院文化素质的校园文化演出；

（3）校园文化阵地长期、系统的建设活动；

（4）有一定规模的艺术欣赏活动、自创作品展示与评比（小品、摄影作品等）。

3. 健康生活类。

（1）帮助同学树立正确的健康观念，提高健康水平的群众性活动；

（2）引导同学关注心理健康教育的宣传与服务活动；

（3）配合学校开展文明校园建设的有创意、有影响的特色活动；

（4）有一定参与面的群众性体育竞赛活动；

（5）有助于培养团队协作、和谐人际关系的团队活动。

（三）项目设置要求

目标明确、步骤清晰、导向性强、可行性好、创新性强、体系完整、安排合理、效果显著。

（四）项目管理流程

1. 活动宣传：活动组织单位将需要组织实施的活动以项目形式报学生工作中心审核后进行宣传；

2. 公示活动项目：主办单位将活动以项目形式立项并向全体学生以招标形式公示招标；

3. 项目申请报告：学生团队按规定要求组织申报；

4. 校团委审批：学校团委组织专业人员进行评审，确定组织实施团队；

5. 运行检查监督：项目部对整个活动要进行检查与监督，确保此项目能够正常完成；

6. 总结汇报：主办单位作为此项目的开课单位进行验收和总结。

二、项目课程化

（一）项目课程化内涵

项目课程化就是指将校园文化活动项目像课堂课程教学一样科学化、规范化、系统化、制度化、可测量化开展。制定活动项目课程大纲、活动项目计划、活动项目目标、活动项目设计、活动项目考核、反思等文字说明的材料，使校园文化活动更加科学、规范。

（二）基本要求

1. 课程设计和运行，从激发学生的兴趣出发，让学生能够自主选择、主动参与，在个人主观能动性的驱动下，真正实现学生综合素质的培养与提升。

2. 活动课程的设计要求与第一课堂一致，并且作为两个平行的课程子系统对学生进行统一的教学与评价。以课程化的方式进行设计和实践，以提高学生实践能力、培养创新意识、提升综合能力为目标，设计专门的课程体系。

3. 活动课程按照第一课堂的教学要求，分散到整个学生培养周期中，分阶段地开展与实施。对教学效果的评价，以培养目标为导向，通过过程性评估（通过对学生的出勤、课堂表现、课后作业、活动参与等行为进行过程性评估）、结果性评估（以学生的学习成果作为对学生学习成绩的总结性评估）、表现性评估（以学生的专业证书取得、国内外赛事获奖情况、各种荣誉获得等）建构多元化的评价体系，并且纳入学生的整个毕业考核中，有效保障活动项目以课程化的方式有序实施。

三、课程特色化

（一）课程特色化内涵

活动项目课程设置依据"三自"管理对学生进行规划指导的核心理念，根据"多专、多能"的规划要求，按照学生自己目标规划设计，构建学生积极主动参与的"自我管理、自我服务、自我价值实现"的个性化特色课程体系。

（二）基本要求

1. 教师以教学团队模式对课程内容和教学方法进行设计，根据学科核心素养的要求，对学生从多维度进行培养，锤炼学生品格素养，提升学生综合能力；

2. 学生团队以竞标模式参与活动项目课程的学习，整个学习过程实施社会化运作，真正实现"教中做、做中学、学中悟"的教学理念。

到目前为止，绵阳城市学院已经建成实施了"荣耀绵城""迎新晚会""春季体育运动会""心理情景剧"等品牌活动课程，学生通过选修课程的形式积极参与，极大地扩大了学生的参与面，也充分调动了学生参与的积极性。

第三节　大学校园文化活动的功能

大学校园文化活动主要是指依附于高等学校这个载体，由大学生参加和创造的各种文化现象。

大学校园文化活动是高校教育教学和人才培养的有效途径和重要阵地，是大学人文精神建设和校园文化内涵建设的重要措施，是培养学生综合素质、提高学生社会能力的有效平台。作为学校第一课堂的延续和补充，大学校园文化活动是校园文化建设的一个重要方面，其功能是多方面的，包括文化育人功能、陶冶功能、激励功能、凝聚功能等。大学生更应该在校园文化活动中积极实践，在活动中培养德性、提高修养、磨砺品质、提升综合素质。

一、文化育人功能

高等教育是我国国民教育的重要环节。大学阶段是人生发展的重要时期，是大学生世界观、价值观、人生观形成的关键时期，大学校园文化在这一过程中起着重要的作用。大学校园文化首先表现为一种育人文化，文化的育人功能特指文化对人产生的积极影响。而大学校园文化活动,又是高校育人环节当中不可或缺的一部分。丰富多彩的大校园文化活动可以满足大学生探索新知、提升技能、扩大交际、彰显自我的心理需求,促使其在德智体美等诸方面得到全面发展。

融合了青年大学生的思想、心理及行为特点的大学生校园活动显示出蓬勃向上的活力。大学校园文化活动中蕴含的价值观念、规章制度、校风校训、人际关系等潜移默化地影响和提升着大学生及教职员工的文化素养及培养他们的道德情操。大学生的思想素质、业务素质、身体素质及心理素质也会在参与大学校园文化活动中得到不断的提高;他们的学习能力、展现自我的能力、人际交往的能力也会得到很大的锻炼。如高校开学仪式就是一种特殊的文化活动,文化内涵十分深刻,反映了大学校园文化环境和师生的精神风貌,发挥着思政教育的重要功能。

大学校园文化活动的开展应发挥大学生的主观能动性、着眼大学生的需求、培养大学生的社会责任感,从而进一步丰富校园文化活动的育人功能,以实现提高大学生文化素质、促进大学生全面发展的目的。

大学校园文化育人功能的发挥是文化引导与大学生自我教育相结合的过程,除了通过文化的浸润、感染、激励、体验、约束外在地发挥作用,大学生的自我教育也是很重要的方法。

所谓自我教育法,是指受教育者根据自身发展的需要,通过自学理论、自我修养、自我调控等方式提高和完善自我的方法。大学校园文化育人依赖大学生对于育人的积极接纳与感悟内化。通过一定文化环境的浸润、感染,以及各种文化活动的实践体验,大学生在接受文化熏陶的过程中,逐渐促进自身思想观点、价值观念、行为习惯等的改变,不断提升自我。从这个意义上来讲,大学生对文化育人内容的主动学习和内化是大学校园文化育人功能发挥的关键环节。

二、陶冶功能

大学教育本是传递文化的活动，使大学生通过文化的摄取获得人生的全面体验，进而陶冶自己的人格和灵魂。在这方面，大学校园文化活动比起正规的教育更具有特殊功能。

重视学习、重视教育、重视能力、重视知识结构的合理与完整，是新时期社会发展对高等教育的新要求。高校由于专业和学科因素的限制，往往在人文精神培养和人文知识的灌输方面显得欠缺，这就需要校园文化的课外延伸教育和环境熏陶发挥补充作用。坚持科学与人文精神并重、弘扬时代旋律的健康校园文化，将有效弥补常规教育和课堂教学的不足与缺憾，实现科学精神与人文精神的有机统一，形成良好的素质教育氛围。高校学生的智力发展具有多样性特征，兴趣爱好、知识水平和结构等因人而异，丰富多彩、高品位的校园文化生活为学生展示才华、实践志趣、充实自我、调整改善知识结构，提供了不可或缺的广阔天空。同时，当代高校学生往往缺乏对历史文化和基本国情的深刻了解，加上人格心理、价值观的不定型及逆反心理和网络文化的冲击，使主课堂的政治理论教育效果不同程度地受到削弱。主课堂的教学和灌输固然是思想政治教育的主阵地，但校园文化活动的潜移默化亦有十分重要的作用。大学通过举行形式多样、内容健康向上的校园文化活动促进思想政治教育，如先进人物事迹报告会、红色旅游、社会实践、校园征文、演讲比赛等，都能够起到很好的思想教育作用。在校园文化活动中，学生既是受教育者，也是校园文化活动的主体，学生的主动参与容易消除其逆反心理和思想障碍，正确的思想易于被学生接受，教育效果比较理想。大学校园文化建设与素质教育协调并进的事实，充分说明了重视和开发校园文化活动的重要意义。

三、激励功能

大学校园文化是一种群体文化，大学校园活动能够利用群体文化的特有力量，激励个体向群体期望的目标行动。用心理学的话语来解释，由高校师生员工组成了一定的群体，大学校园文化则是由这一群体产生的。大学生在这样的群体中，总会希望能够得到他人的认可与尊重。这种期待与需要会形成内在的动力，驱使行为主体为满足需要而向群体共同认可的价值观念与行为方式上靠拢。

大学校园文化活动中凸显出来的榜样是这个特定的文化区间内涌现出来的正面典型。他们集中地反映出学生的精神风貌、价值观念、思想道德素质和生活行为方式。校园榜样真实贴近大学生的生活，其激励的力量是无穷的。他既是校园精神的生动体现，又是校园文化的形象教材。他所产生的"共生效应"和"魅力效应"，是推动校园文化全面发展的动力和能源。充分发挥榜样的激励作用，不断强化并满足大学生接受文化熏陶感染的内在需要，提升大学生在大学校园文化育人功能发挥中的主体能动性，对于弘扬正气、优化校风、培养校园精神、建设校园文化具有现实而深远的意义。

大学校园文化活动激励功能的发挥，关键是要在社会期待与师生需要之间保持张力，取得平衡，积极引导师生追求尊重与自我实现的高层次精神需要。

四、凝聚功能

校园是一个大的集体，校园文化活动离不开每一个校园人的参与。当校园文化活动越来越好，每一个参与者都会有一种自豪感和满足感。

校园文化活动建设的成功与否直接影响到学校的公众形象和内部的吸引力。好的校园文化活动的举办有助于形成良好的校园文化氛围，而好的校园文化氛围又能反过来调动学生和教职员工的主动性、积极性。作为校园里的一分子，他们也希望学校的发展更快更好，这就体现出了大学校园文化活动的凝聚功能。这种凝聚功能主要表现为：集体与个人的关系休戚与共，集体对个人有很强的吸引力，个人对集体有很强的认同感。

五、认识整合功能

大学生的认识是在不断的模仿，进而比较、分析和判断的过程中形成的，而一定的文化氛围正是他们模仿的"蓝本"。与此同时，大学校园文化活动自身渗透着优秀的民族文化和丰富的科学知识，学生在健康向上、丰富多彩的大学校园文化活动中，通过不同思维的不断碰撞，在寻找个人与集体、社会的结合坐标的过程中，不断整合自己的思想与价值体系，从而逐步深入地认识社会、认识人生，并获取许多课堂上得不到的知识与技能。

六、心理健康教育功能

大学校园文化活动在普及大学生心理健康知识、培育大学生人格、调适大学生心理、完成大学生角色社会化等方面有着重要的功能。要全面认识和努力提升大学校园文化活动对于心理健康教育的效能，逐渐形成校园文化活动和心理健康教育工作的合力效应。大学生校园文化活动应重点抓好指导学生进行正确交往、指导学生的闲暇生活、开展心理健康教育等工作。

七、规范功能

在大学校园文化活动开展的过程中，高校应建立与健全各种规章制度，并通过抓制度落实为青年大学生创造一个有章可循、有法可依、公平竞争、自我成才的良好环境，以促使大学生养成文明举止和良好行为习惯，自觉地将他律行为转为自律行为，不断提高学校学风建设的整体水平。

八、训练发展能力的功能

大学生毕业后想要在社会立足，仅仅单靠在学校中学到的专业知识是远远不够的,其他方面的能力也是非常必需的。通过校园文化活动的组织和实施,大学生有机会进行一些其他方面的训练,提升自己的能力、挖掘自己的潜能。

九、娱乐、调节功能

"一张一弛,方为文武之道",大学校园文化活动可以作为大学生紧张学习之余的脑力、体力恢复的调节剂,而且可以进一步作为他们愉悦身心的润滑剂。通过参与校园文化活动,他们的交际能力和身心素养也能得到一定程度的提升。大学校园文化活动展现的这一片天地可以让广大师生身体得到锻炼、心理得到放松、心态得到调整,从而保持良好的心境。

第四节 大学校园文化活动的建设

大学校园文化活动的建设是指通过组织和开展各种文化艺术、学术、体育等活动,丰富大学校园文化氛围,提升大学生的文化素养、综合能力和创新精神。它是为了促进学生的全面发展,增强学生的文化自信,培养他们独立思考的能力和创造力,塑造积极向上的校园文化环境。

大学校园文化活动建设是大学形成优良学风、校风的基础,是衡量一所大学办学思想和水平的重要指标和尺度。开展高水平的大学校园文化活动是提高大学生素质的有效手段,也是提升校园文化品位的重要途径。近年来,高等学校在校园文化活动建设方面已经取得了可喜的成就。目前我国大学校园文化活动内容丰富、组织形式多种多样。

一、大学校园文化活动建设的主要目标

◎(一)丰富大学生的校园生活

高校通过多样化的文化活动,为学生提供丰富多彩的校园生活,满足学

生的兴趣爱好，提高学生的参与度和归属感。

◎（二）培养大学生的文化素养

高校通过举办艺术表演、音乐会、文学讲座、文化展览等活动，提高大学生对艺术、文学、历史等领域的认知和理解，培养他们的审美能力和文化修养。

◎（三）培养大学生的领导能力和团队合作精神

大学生通过活动策划和活动组织，实施自我管理教育，培养自身的组织能力、领导能力和团队合作精神。

◎（四）传承和弘扬校园文化

高校通过展览、演出、庆典等校园文化活动，传承和弘扬学校的历史文化、特色文化和精神文化，培养大学生对学校的认同感和归属感。

◎（五）促进学术交流和创新能力

高校通过举办知识讲座、学术论坛、科技竞赛等活动，为大学生提供展示和交流学术研究成果的平台，培养他们的学术思维和创新能力。

◎（六）加强校内外文化交流

高校通过组织校内外的文化交流活动，促进大学生与其他高校、社会机构以及国际间的文化交流与合作，开阔大学生的视野。

（七）培养全面发展的人才

通过参与文化活动，大学生可以培养自己的创造力、沟通能力、团队合作能力、领导能力等综合素养，为自己今后的学习、工作和生活奠定良好基础。

大学校园文化活动建设旨在创造丰富多彩的校园文化环境，激发大学生的潜能，培养他们的综合素养，促进个人成长和社会责任感的培养。同时，它们也有助于塑造积极向上的校园文化氛围，营造一个充满活力和创新的学习和生活环境。

二、加强大学校园文化活动建设的措施

◎（一）用先进文化引导大学校园文化活动建设

大学校园文化育人的首要前提是以先进文化育人，这是由大学校园文化自身性质、社会文化发展的需要、国家人才培养的目标共同决定的。时代不断前进，文化也在不断创新发展，只有坚持以先进文化育人，才能不断丰富大学校园文化育人功能发挥的理论与时代内涵，强化大学校园文化的育人效果。

中国特色社会主义先进文化代表着我国社会文化发展的方向，是推进大学校园文化活动建设的主导力量。因此，高校必须坚持用中国特色社会主义先进文化培育人，保证大学校园文化育人的正面引导作用。

大学校园文化应该坚持以什么样的文化育人，是决定大学校园文化活动育人功能发挥的整体方向的前提性问题。先进文化能够对人们的思想观念、价值体系和行为方式产生积极影响；反之，落后文化则会侵蚀人们的内部精神世界，阻碍人的发展。文化对人的影响具有客观性，但是文化育人却有着鲜明的价值取向。只有坚持以先进文化育人才能发挥文化培育人、塑造人的积极作用。

1. 强调主旋律。

大学生由于思想活跃，对新鲜事物的接受度高，又没有形成稳定的价值判断，很有可能会受到社会文化中一些错误观点的影响，产生功能主义、利己主义思想，不利于自身发展，也会对校园文化整体氛围产生不好的影响。

主流文化在大学校园文化中占主导地位，是文化保持先进性的要求。高校要以中国特色社会主义先进文化为底蕴，加强党的理论教育，开展革命文化相关主题教育，以巩固先进文化在大学校园文化中的主导地位。"国际上，西方敌对势力一直把我国发展壮大视为对西方价值观和制度模式的威胁，一刻也没有停止对我国进行意识形态渗透"[1]，坚持先进文化在大学校园文化中

---

1 中共中央文献研究室．习近平关于社会主义文化建设论述摘编[M]．北京：中央文献出版社，2017．

的主导地位也是加强高校意识形态工作、维护大学校园文化安全的必然要求。

2. 传承和发展民族精神和文化传统。

从现象上来看，部分高校重物质文化建设轻精神文化建设，在硬件设施、基础设备上投入了大量精力，促进了校园环境的提升与改善，却忽视了精神文化对师生的隐性熏陶和内化作用。有些高校对校园文化建设不够重视，校园文化的功利性、通俗性、娱乐性凸显，举办的校园文化活动重形式而不重内涵，不仅不能提升学生的文化素养，反而消磨了学生的学习时光。

总体来说，坚持以先进文化育人要求大学校园文化要不断加强自身建设，在吸收、吸纳各种优秀文化资源的同时，也要注重避免被多种社会文化形态中的错误文化价值观念所侵蚀。高校在校园文化育人实践中，要积极学习借鉴先进文化，从中华民族优秀传统文化、革命文化、中国特色社会主义先进文化当中汲取营养，增强运用各种文化资源开展育人活动的能力和水平。

◎（二）大力加强高等学校校园文化活动环境建设

1. 构建和谐校园。

构建和谐社会是党中央在新形势下提出的治国方略。构建和谐校园是构建和谐社会的主要内容。

构建和谐校园是一项综合性的、战略性的系统工程，包括多种子系统。优秀大学校园文化活动是一个巨大的体系，由下列几个子系统构成：浓厚的学术氛围、丰富多彩的体育活动、圆融的人际交往、文明的生活、优美的校园环境、共同的价值观。

一个和谐的大学校园有很多的价值。它可以使大多数的教师和年轻的同学有一种高尚的情操，拥有更纯净、更美丽的心灵。构建和谐校园的途径为以大学文化中蕴含的崇高信念、道德规范、审美观念及审美情趣对广大师生进行陶冶与教育，让广大师生齐心同德、群策群力，共同营造高尚、健康、高雅的校园文化。

2. 营造传统文化氛围浓厚的校园。

习近平总书记曾指出:"优秀传统文化是一个国家、一个民族传承和发展的根本,如果丢掉了,就割断了精神命脉。"[1]中华优秀传统文化蕴含着丰富的哲学思想、人文精神、教化思想、道德理念等,大学校园文化要深入挖掘优秀传统文化的育人要素,形成具有优秀传统文化基因的大学校园文化育人环境。高校应该创造性运用中华优秀传统文化资源,培育大学生爱国主义情怀与健全人格,坚持以美育人、以文化人,提高大学生的人文素养。高校可以通过邀请名师、专家、传统文化传承人开展讲座,增进大学生对传统文化的认识;通过国学社、汉服社、书法社等学生社团组织,激发大学生对优秀传统文化的兴趣,在传承优秀传统文化中,丰富文化生活;通过设立课题基金加大对优秀传统文化育人的研究,形成丰富的理论研究成果,促进产、学、研相结合。高校将中华优秀传统文化资源引入大学校园文化育人氛围的营造,对于增强大学校园文化育人效果具有重要意义。

◎(三)建立和完善大学校园文化活动建设机制

一直以来,党和国家都非常重视对青年学生的素质教育,中共中央、国务院曾多次发布文件,并通过立法,强调要注重对学生的德育、智育、体育、美育的培养。构建健康向上的大学校园文化活动,是推动素质教育顺利进行的一项重要教育战略与方法。大学校园文化活动能够以其内在的精神动力、制度文化、行为规范去塑造大学生人格,促进其全面发展。大学校园文化活动建设机制包括建立专项资金保证体系、组建管理机构、建立相关制度、构建考核体系等,对大学校园活动建设起着决定性作用。

高等学校要不断完善校园文化活动建设的政策和措施,切实解决校园文化活动建设过程中遇到的实际问题和困难;要把校园文化活动建设经费纳入

---

[1] 新华社.习近平时间|让优秀传统文化"活起来"[EB/OL]. http://www.xinhuanet.com/2021-08/17/C_1211335095.htm.

学校预算，在人财物等方面加大投入，确保校园文化活动建设各项工作顺利开展；要加强理论研究，积极探索新形势下加强和改进校园文化活动建设的新思路、新举措。

高校应加强对校园文化活动建设的领导和管理，"遵循全校一盘棋"的校园文化活动建设指导思想，从学校发展和人才培养的战略和全局高度，充分认识加强校园文化活动建设的重大意义，统筹规划校园文化活动建设，成立专门的管理组织机构。完善的校园文化活动制度是大学生行为具备规范性、针对性和有效性的基本保证。

建立和完善校园文化活动建设检查评估制度，把校园文化活动建设纳入高等学校教育教学评估体系，以评促建、以评促管。持续改进和评估是加强大学校园文化活动建设的重要环节。通过持续改进和评估，学校可以及时发现问题，调整和改进文化活动，提高活动的质量，并逐步提升校园文化建设水平。评估过程中的反馈和建议还可以帮助学校更好地满足学生和利益相关者的需求。学校应根据需求调整和改进活动内容和形式，以提供更具吸引力和有意义的活动。

（四）积极贯彻以人为本的教育理念

以人为本体现在大学校园文化育人中，即表现为以学生为本。无论何时何地，大学生都是大学校园文化活动的主要参与者，是大学校园文化活动建设的主体。所以，在大学校园文化活动的建设中，教育者要始终坚持大学生的主体地位，使大学生在校园文化体育的创造中获得收益和成长。

在大学校园文化活动建设中，学生是这项建设工作中的重要力量。首先，教育者要主动了解他们的文化生活与文化喜好，有计划、有节奏地开展大学生喜闻乐见的文化活动，以此调动他们参与校园文化活动的积极性与主动性，使他们成为大学校园文化活动建设的主力。其次，为了更深层次地激发大学生对校园文化建设的参与意识，高校教育者要始终重视对学生的兴趣的引导，让学生在兴趣的驱使下,完成校园文化的相关建设。在进行校园文化活动建设创新的过程中,教育者应该对学生的个体差异进行充分的考虑,为不同条件的学生创造出一种具有差异化特点的文化活动,从而让不同的学生对文化活动的个体化需要得到满足。最后,要想提高学生的活动参与积极性,在文化活动建设的过程中,学校可以把建设的主动权交给学生,让学生了解校园文化活动的各项规则和流程,逐步对校园文化活动建设有一个更深刻的认识,学校只需要在学生开展文化活动规划的过程中,充分发挥自己的监督和指导作用就可以了。

总的来说,坚持以人为本的教育理念,就是要在大学校园文化育人中坚持民主原则,充分考虑教育对象的需求,遵循教育对象的成长规律。

◎(五)创新大学校园文化活动

大学校园文化活动是高校校园文化建设的重要组成部分,也是高校校园文化中最具活力和最具效力的载体。高校创新校园文化活动,让校园活动形式多元化,可提高大学生综合素质、拓宽其视野、促进其全面发展。

多元化的校园活动形式是加强大学校园文化活动建设的重要措施之一,高校可以根据不同学生的兴趣和需求开展形式多样的校园活动,举办各类文艺晚会、音乐会、戏剧表演、舞蹈比赛等文艺活动,组织讲座、研讨会、文化展览等学术类活动。

通过提供多元化的活动形式,学校可以满足不同学生的兴趣和需求,为学生提供丰富多样的文化体验,激发学生的创造力和参与热情。这些活动不仅可丰富校园文化生活,也可为学生提供展示才华和锻炼能力的机会。

DAXUESHENG
ZIWO GUANLI JIAOYU YU SHIJIAN
(**XIAOYUAN HUODONG**)

第四章
大学校园文化活动的主要内容与形式

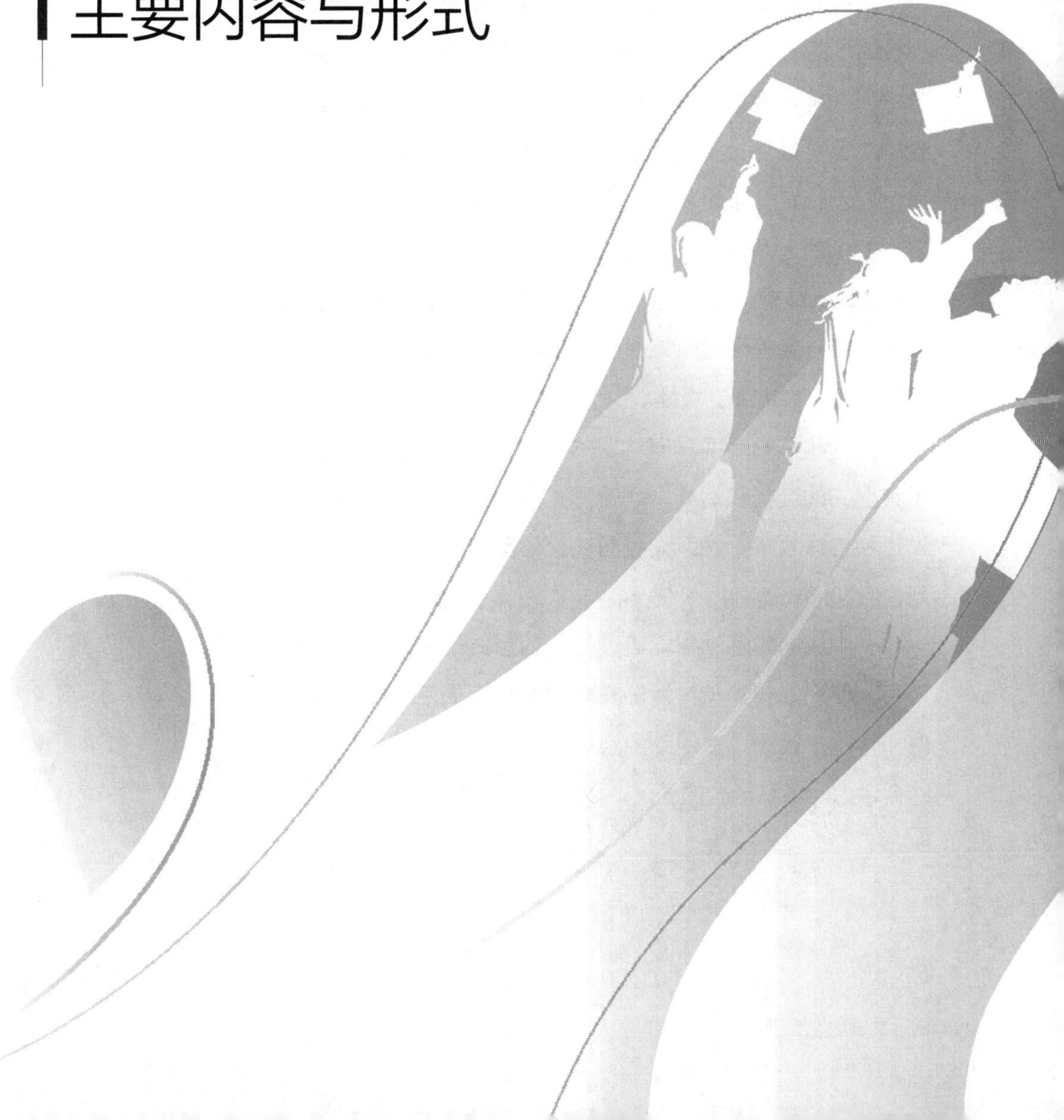

内容和形式是大学校园文化活动两个不同的方面。内容指的是活动所传达和呈现的主题、主要信息、艺术作品、学术研究等，涵盖了活动的核心内容和目标。例如，音乐会的内容可能包括不同类型的音乐演出、音乐家的表演作品，以及特定音乐风格或主题等。大学校园文化活动的主要形式指的是活动的组织方式、表达方式和呈现形式。它包括活动的结构、场地布置、演出或展示形式、参与方式等。例如，音乐会的形式可以是传统的舞台演出，也可以是户外露天音乐会或线上直播。

内容和形式之间具有一定的关联性。活动的内容决定了其形式的选择和运用，同时形式的设置也会影响内容的表达和传达效果。在策划校园文化活动时，策划者应考虑到内容和形式的协调和统一。

一个成功的活动需要通过恰当的形式来呈现有意义的内容，使观众或参与者能够充分理解和享受活动带来的价值和体验。因此，在活动的组织设计和实施过程中，需要综合考虑内容和形式的匹配，以达到预期的效果。

第一节 大学校园文化活动的主要内容

大学校园文化活动以校园为主要空间，以学生为主体，内容丰富多样且涵盖各个领域和层面。

一、思想教育主题活动

大学生思想教育主题活动包含大学生思想政治教育主题活动和大学生思想品德教育主题活动。

大学生思想政治教育主题活动是大学生思想政治教育的重要载体之一。它针对大学生的特点和大学生思想道德建构的需要，由大学生思想政治教育工作者围绕特定的主题，以活动为载体，通过大学生的积极参与，来传递特定的主题思想，从而对大学生进行思想政治教育。大学生思想政治教育主要是教育和引导大学生热爱祖国、热爱中国共产党、热爱人民，认真学习政治理论知识、学习党的路线方针政策。大学生思想政治教育主题活动，以马克思主义活动观为指导，结合了哲学、教育学、心理学等学科的基本知识，让大学生积极参与、体验，使其内心获得一种感悟，帮助大学生增强政治理论水平、政治敏锐性和辨别是非的能力，使大学生树立正确的世界观、人生观、价值观。

大学生思想品德教育包括理想信念教育、爱国主义教育、公民基本道德规范教育等。重视和加强高校德育工作是我们党和国家一贯的办学指导思想。因此，加强大学生思想品德教育，是高校思想品德建设中不可回避和必须解决的一个首要的问题。大学生思想品德教育的实质是将一定社会的思想道德转化为大学生的思想道德。大学生良好思想品德的培养是学校德育的重要目标，学校德育是大学生形成良好思想品德的重要途径。做好大学生思想品德教育工作有着重要意义：首先，从个体角度看，这有利于大学生的全面发展，使大学生个体与外部世界建立起和谐的关系，从而保证学生学习、实践等各方面的顺利进行；其次，从社会角度看，这有利于社会整体道德水平的提高，可以促进社会的和谐、稳定与发展。

思想教育主题活动是开展大学生思想政治、道德教育的重要载体，实现"月月有主题活动"，有利于有计划、有层次、有步骤地开展思想教育，有利于增强思想政治教育的针对性和实效性。设计"月月有主题活动"应遵循系统性、创新性原则，应围绕思想教育、政治教育，道德教育、法纪教育和心理健康教育等内容，以系列主题活动培养大学生的思想品德，实现思想政治教育的育人目的。

二、体育竞赛活动

体育竞赛活动是一种制度化、体系化的竞争性体育活动。它在丰富多样的文化体育活动中是一种文化特殊的外在表现形式，展现了拼搏、永不言弃、团结协作等精神，是大学校园文化的重要组成部分。

大学体育竞赛活动是学校体育的重要组成部分，是培养学生体育兴趣、体育意识、体育态度，让学生养成良好的体育习惯以及形成正确的人生观、世界观、价值观的关键所在。

大学体育竞赛活动是大学教学的延伸。它面向全体学生，使全体学生受益，是学校体育的精髓。高校应真正把大学体育竞赛活动纳入体育教育之中，把它当成体育教育的一个重要组成部分，并在高校体育传统的基础上，根据当前大学生的现状，践行"人人关注、人人参与、人人体验"竞赛的新思想。

大学体育竞赛活动作为"大学生阳光体育活动"的重要组成部分，是大学生进行体育健身活动的一个重要形式，也是培养大学生树立终身健身意识的一个手段。

体育竞赛活动的开展有以下几个目的：一是体育竞赛活动可以帮助大学生保持健康的身体；二是体育竞赛活动通常需要团队合作和协调配合，可培养大学生的团队合作精神；三是体育竞赛活动可以提供一个竞争的平台，培养大学生的竞争意识和竞争精神；四是体育竞赛活动是传递积极价值观的一个重要途径，比如公平竞争、尊重规则、团队合作、坚持不懈等；五是体育竞赛活动可以为不同地区、不同国家的大学生提供交流互动的平台，促进文化交流和友谊的建立。成功的体育竞赛活动还能够激发人们对体育运动的兴趣，推动整个社会的健康发展。

三、志愿服务活动

志愿服务活动指以自愿参与、无报酬为主要特征的公益活动，旨在为他人和社会做出贡献。大学生志愿服务活动是我国社会志愿服务的重要组成部分，也是当前高校德育工作的重要内容，创新了高校思想政治教育工作的新内容，强化了校园文化的育人功能，对提高大学生综合素质、拓展校园文化、构建和谐社会、践行社会主义核心价值等具有重要的意义。

大学生志愿服务活动具有双重功能，即促进大学生的社会化和向社会贡献人、财、物力。而比较大学生的社会化需要和社会对无偿贡献的需求，该活动具有双重珍贵性和双重短缺性。为了实现大学生志愿服务活动的效益最大化，应该贯彻"双弱势原则"，把弱势人群列为志愿服务的主要对象，把弱势学生当作志愿服务的主体。而要贯彻该原则，志愿服务活动的组织者还要改变心态和组织方法，加强同弱势群体的联系和对弱势学生的鼓励。

志愿服务活动的开展有着多重目的，可以从三个角度展开说明。

◎（一）社会角度

1. 促进社会发展。志愿服务活动可以在不同领域提供帮助，如教育、医疗、环保等，通过为社会问题提供解决方案和资源支持，促进社会的全面发展和进步。

2. 构建和谐社会。志愿服务活动能够增强社区凝聚力和社会共同体意识，促进社会成员之间的相互理解和合作。高校应通过积极的公益行动，促进社会和谐稳定的建立。

3. 传递正能量。志愿服务活动是传播正向价值观和积极精神的有力渠道。通过志愿者的实际行动，社会可以看到人与人之间的关爱、援助与支持，进而激发更多人参与到公益事业中。

◎（二）个人角度

1. 促进个人发展。参与志愿服务活动可以培养个人的团队意识、沟通能力、领导力和批判性思维等多方面的能力，为个人的全面发展提供机会。

2. 增强社会责任感。通过亲身投入志愿服务活动中，个人能够深刻感受到社会的需要和自己的责任；通过为他人和社会付出，提高个人的社会责任感和道德水平。

3. 增进人际关系。志愿服务活动为个人提供了广泛交流的机会，可以结识到来自不同背景和领域的志愿者，增进互相之间的友谊和合作关系。

◎（三）组织角度

1. 履行社会责任。一个企业或组织，通过举办志愿服务活动，可以彰显其积极的社会形象，提升社会评价满意度和品牌形象。

2. 建立良好关系。志愿服务活动可以帮助组织与志愿者、社区和其他利益相关者建立良好的关系。通过与各方合作，组织可以得到更多的资源支持和各种合作机会。

3. 促进组织发展。志愿服务活动可以利用志愿者的力量和专业知识，扩大组织的影响力和社会影响力。此外，通过志愿者的积极参与，组织内部的凝聚力也会得到增强。

举办志愿服务活动有着社会、个人和组织层面的多重目的。通过这些活动，我们可以促进社会发展、提高个人发展、建立和谐社会，并弘扬公益精神和社会责任感。因此，各方应共同努力，鼓励和支持志愿服务活动，共同推动社会的进步与发展。

四、文化艺术活动

文化艺术活动在大学校园文化培育中发挥着不可替代的作用,可以培育出健康向上、格调高雅和形式多元化的校园文化,有效地促进校园文化建设和构建文明校园。大学开展文化艺术活动有利于大学生建立正确的自我意识,有利于大学生树立正确的世界观、人生观和价值观,有利于大学生道德意识和道德行为的发展。高校应积极开展校园文化艺术活动,发挥艺术教育的育人功能,促进大学生德智体美全面协调发展。

文化艺术活动作为高校校园文化建设的重要组成部分和重要载体,能够帮助高校贯彻办学理念,促进学校的建设和发展。高校应将其纳入学校文化建设方案,使文化艺术活动的育人价值得到有效利用,以充分挖掘文化艺术活动的育人功能,帮助学校营造高层次的人文环境,提高大学生的艺术审美兴趣,增强大学生艺术鉴赏能力。

学校开展文化艺术类活动的目的是为学生提供一个全面发展的教育环境,促进学生综合素质的培养和个性的发展。

1. 培养大学生的艺术修养和审美意识。文化艺术类活动可以让大学生接触不同形式的艺术作品,如音乐、舞蹈、戏剧、绘画等。通过欣赏和创作艺术作品,大学生能够培养艺术修养和审美意识,提高对美的感知和表达能力。

2. 提高大学生的创造力和培养创新思维。文化艺术活动注重大学生自主创作和表达能力的培养。通过艺术创作、舞台表演等活动,大学生可以锻炼自己的创造力和创新思维,培养解决问题和表达观点的能力,从而激发自身潜能,让自己成为更具创造力的人才。

3. 提升学生的沟通与合作能力。文化艺术活动通常以团队合作的形式开展。大学生需要与其他成员合作,相互协调和沟通,以完成艺术作品的创作和表演。通过这样的活动,大学生可以培养团队合作的意识和能力,学习如何与他人合作的技巧,并加深对互相信任和尊重的理解。

4. 培养学生的文化自信心和身份认同。文化艺术活动可以引导学生关注自己的文化传统和身份认同，增强文化自信心。通过学习、传承和呈现本国或本地区的传统文化，学生可以更好地了解自己所属的文化传统，培养对自己文化的自豪感和认同感。

5. 增强学校的文化氛围和凝聚力。学校举办文化艺术活动可以营造出浓厚的校园文化氛围，使学校成为一个积极向上、具有凝聚力的环境。通过活动的策划和组织，学校能够培养大学生的文化兴趣和参与精神，增强大学生对学校的归属感和认同感，进一步促进学校的整体发展。

6. 促进学校与社会的互动与交流。文化艺术活动也是学校与社会互动与交流的重要途径。学校可以邀请外界的专业人士、艺术家、艺术团体来校开展讲座、演出、展览等，为学生提供更广泛和深入的艺术学习和交流机会。同时，大学生也可以通过参加校外文化活动，将学校的文化成果向社会展示，增进学校与社会的联系。

五、主题团建活动

开展主题团建活动是各级各类共青团组织引导和教育青年大学生学习及掌握马克思主义基本原理及其中国化最新成果，了解并掌握我国的历史与现实，在实践中客观理性地看待我国特定发展阶段中存在的各种问题，进而使青年大学生不断坚定走中国特色社会主义道路的理想信念，巩固和扩大中国共产党党执政的青年群众基础，为社会主义事业集聚奋斗力量的一项思想政治工作。

主题团建活动的开展有其独特的作用。

1. 主题团建活动是团队建设的重要组成部分。通过以团队合作为重点的游戏、挑战和任务，参与者将掌握协调、合作和解决问题的能力。这有助于推动加强团队成员之间的互动和交流，促进合作，增进团队的凝聚力和信任，提高团队整体效能。

2. 某些主题团建活动可以用于传播特定信息和价值观。例如，社区环保日活动可以提高人们对环境保护的认识和关注，而儿童阅读活动可以促进儿童的阅读习惯和价值观的培养，通过活动可以更好地了解和传播特定的信息和价值观。

3. 主题团建活动旨在弘扬和传承特定的文化和传统。例如，举办传统艺术表演等活动让中华优秀传统文化走进校园，来到学生身边，有助于保护和传承文化遗产，增进新时代青年大学生的文化认同。

第二节　大学校园文化活动的形式

大学校园文化活动的形式可以多种多样，取决于活动的性质、目标和主题。以下是一些常见的形式。

一、演出

演出包括音乐会、戏剧演出、舞蹈表演、话剧演出、文艺晚会等，演出形式可以是舞台演出、户外露天演出、室内演出等，旨在展示学生的才艺和创作成果。

【知识拓展】

文艺晚会

文艺晚会是一种集合了各种文艺表演形式的综合性演出活动，通常由不同类型的艺术节目组成，如音乐、舞蹈、戏剧、朗诵、小品等，旨在展示师生们丰富多样的艺术才华和华夏文化魅力。

为深入学习贯彻党的二十大精神，进一步加强校园文化建设，增强师生文化自信，2023年3月底，绵阳城市学院开展了以"引导学生坚定四个自信，树立正确的人生观、价值观，激发广大青年的爱国情、强国志、报国行"为主题的"绵城之春"文艺晚会。晚会通过多种形式唱响时代主旋律，展现了当代大学生的精神风貌。

图4-1 "绵城之春"文艺晚会节目

晚会在气势恢宏的灯光秀中开场，师生通过线上线下感受到了绵阳城市学院的发展和青年学子的朝气。师生在深入学习党的二十大精神的同时，把学习体会搬到舞台上，以《跟随二十大足迹，乘时代使命》为题，通过朗诵的形式回望亘古绵延的历史长河，寻觅红色足迹，见证党兴衰荣辱中的不朽和悲喜浮沉中的从容。《英雄赞歌》在讴歌时代英雄的同时，唱出了时代的主旋律，也唱出了青年学子的满腔热忱。建设美丽中国，需要一代青年大学生传承历史接力棒，用他们的智慧和力量为中华民族伟大复兴贡献力量。

新的起点，梦的绽放。此次晚会的成功举办充分彰显了绵阳城市学院的凝聚力和创造力，展现了绵阳城市学院丰富多彩的校园生活和朝气蓬勃的校园文化，宣扬了新时代青年的方向与目标，拓宽了青年实现梦想的阳光大道，鼓励学子们在风华正茂的青春中以梦为马、不负韶华、砥砺前行。

二、展览

展览包括艺术展览、摄影展览、文物展览、科技展览、设计展览等。常见的展览形式有画廊展示、多媒体艺术陈列、虚拟展览、概念艺术展览等。

【知识拓展】

设计展览

设计展览是一种将学生们的设计作品展示给观众的形式，涉及平面设计、时装设计、室内设计等各种设计领域。通过设计展览，学生们可以展示自己的创意和专业技能，与观众分享设计的美感和实用价值。

在中国共青团成立100周年之际，为了充分发挥设计艺术在培养学生艺术情操、提升审美修养、锤炼坚实本领的特殊功能和育人效果，促进学生全面发展，扎实推进"三全"育人，绵阳城市学院举办了第一届设计艺术节。

举办设计艺术节的目的是营造积极向上、清新高雅、健康文明的校园文化氛围；为师生提供展示才华的舞台，促进师生审美能力和水平的提高，丰富学生的文化生活，发挥个性特长，启迪智慧，激发创造和创新能力，从而推进素质教育的实施和推动校园精神文明建设。绵阳城市学院艺术与设计学院一直秉承"艺术与社会接轨、与市场接轨、与时代接轨"的宗旨，高度重视培养学生的创作热情和创作能力，此次设计艺术节所

图 4-2　2022 年绵阳城市学院第一届设计艺术节展览现场

展示的作品创意频出、不拘绳墨，充分展现了师生对艺术的热爱。广大师生齐参与、共演绎，通过丰富多彩的活动，体现我校艺术设计学科的丰厚成果，展示"绵城人"朝气蓬勃、奋发进取的精神风貌。

此次"绽放·以青春的名义"为主题的首届设计艺术节，以设计艺术展为主，辅以系列的非物质文化遗产传统文化讲座、2022届毕业设计大赛、校园歌手大赛、艺术创意服装秀、盛夏音乐节、创意手工市集等。在创意手工市集，师生可以看到许多校园文化创意达人的手工原创作品；而在非遗传统文化系列讲座中，师生可以同众多艺术大咖围绕"艺术、设计、人文"等话题进行讨论。全校师生在活动中认识美、体验美、表现美、创造美，共享一场设计艺术的盛宴，涵养了"绵城人"的气质，升华了"绵城人"的精神。

三、讲座和研讨会

讲座和研讨会包括学术讲座、专题讲座、学科论坛、座谈会、学术研讨会等，旨在提升学生学术素养和专业知识。

【知识拓展】

专题讲座

专题讲座是一种专门针对某个特定主题或领域进行的演讲活动。这种形式的讲座旨在通过专业人士或专家的分享和授课，向听众传授特定领域的知识、经验和见解。

为进一步加强校园防范电信网络诈骗工作，切实提高广大学生预防诈骗的能力，增强安全防范意识，确保学生财产安全，绵阳城市学院邀请驻地公安部门警官到校作防范电信网络诈骗专题讲座，由保卫处处长主持，全校近两万名师生参加了本次讲座。

图4-3 防范电信网络诈骗专题讲座

在网络越来越发达的当今社会，犯罪分子利用网络漏洞，将诈骗的魔爪频繁伸向校园，对于缺少社会经验的大学生而言，常常一不小心就跳进了骗子的圈套。因此，本次讲座重点介绍了诈骗电话、钓鱼网站、校园贷款常见的三类校园电信网络诈骗手段，希望广大学生能够时刻提高警惕，保护好自己的财产安全。

讲座中，主讲警官还结合真实案例，详细介绍了套取现金、感情套诱、假冒冒充、兼职诱饵、情色骗术等十二种电话诈骗招数，并揭示了"校园贷"十大骗局，分别是假冒公检法诈骗、冒充熟人诈骗、利用伪基站发送木马链接实施诈骗、利用"先垫付"兼职诈骗、考试诈骗、校园贷诈骗、编造"资产解冻"诈骗、投资返利诈骗、保健品购物诈骗、引诱裸聊敲诈勒索。随后就被骗后补救措施等内容做了详细阐述，并动员学生安装使用"国家反诈中心"App，切实维护广大学生的合法利益，预防和减少经济损失。

通过此次防范电信网络诈骗讲座，同学们深刻认识到电信网络诈骗手段的特点和危害，收获了防范电信网络诈骗知识，提升了个人反诈骗能力。警校共同筑起防诈墙，共同构建"全民反诈、全社会反诈"新格局。

四、比赛和竞赛

其包括才艺比赛、科技创新竞赛、运动比赛、演讲比赛等。

【知识拓展】

演讲比赛

演讲比赛是一种以演讲技巧和口语表达为核心的竞赛形式，参赛者通过演讲来展示自己的思维能力、口才和表达能力。

第四章
大学校园文化活动的主要内容与形式

图 4-4 "我是消防宣传员"决赛

为进一步提升师生消防安全认知，增强自我防护意识，由绵阳市安州区相关部门和绵阳城市学院联合举办的"我是消防宣传员"演讲比赛决赛在安州校区顺利举行，绵阳城市学院 16 名参赛选手在比赛中发挥出色，充分展现了绵阳城市学院学子宣传消防安全的责任担当。

本次比赛历时一个多月。自开赛以来，学校充分协调、积极动员，极大地调动了学生参与的积极性，经过线上与线下的综合遴选，最终决出 16 名选手参加决赛。

各参赛选手思路清晰、逻辑严谨，通过消防漫画、消防动画、实际案例等形式的配合，深入浅出讲解火灾预防、火灾扑救、火场逃生等消防安全知识技能。这次比赛经过一番激烈的角逐，最终评选出了一等奖 1 人、二等奖 2 人、三等奖 3 人、个人风采奖 4 人。此次演讲比赛，提升了学校师生对消防安全知识的认知能力、应用能力，将"学消防、知消防、懂消防"的宣传理念贯穿于学习生活中。

五、庆典和活动周

其包括主题庆典、校庆活动、文化节、运动周、创意集市、主题周活动等。形式可以是开幕式、闭幕式、主题日、系列活动等。

【知识拓展】

主题庆典

主题庆典是一种有针对性、有特定主题的盛大庆祝活动，通过整体活动策划和布置来展示特定主题的元素和内涵。

为贯彻新时代国家建设对"多专多能"型人才的培养要求，坚持立德树人根本任务，深化学校综合改革，推进"三全育人"综合改革试点工作，全面落实"3331"人才培养方案，总结 2022—2023 学年学生工作取得的成绩，表彰先进，树立典范，激励绵阳城市学院学子勤奋学习、争先创优、奋发有为，绵阳城市学院于 2023 年 6 月 6 日和 8 日晚先后在游仙校区、安州校区举办了 2022—2023 学年度"荣耀绵城"颁奖盛典活动。全体校领导、各二级学院院领导、各职能部门负责人、师生代表 6000 余

图 4-5　2022—2023 学年度"荣耀绵城"颁奖盛典活动

人参加典礼。学校官方视频号、抖音和照片直播等5个平台通过空中和地面协同直播，受到社会各界关心和支持学校建设发展的朋友、家长的好评。

六、社会服务和公益活动

其包括志愿者活动、社区服务、环保行动等，形式包括志愿者活动、义卖会、捐赠活动等。

【知识拓展】

社区服务

社区服务指个人或群体以自愿的方式，为改善社区福利、提供社区服务和促进社区发展而进行的活动。社区服务可以包括各种形式的志愿工作和服务项目。

在五一国际劳动节来临之际，为全面推进大学生劳动教育，培养学生肯干、实干、能干的劳动精神，树立劳动光荣的教育理念，同时，也为营造良好的社区文化氛围，增强学生对社区的归属感，2023年4月24日，绵阳城市学院游仙校区博梦生活社区开展了"构建花园社区，共享美好生活"栽种花卉的劳动教育活动。

在种植前，博梦生活社区的教师们为同学们准备好了铁锹、剪刀、手套等劳动工具。明确好种植区域之后，教师为同学们讲解了各种工具的使用方法，以及栽种花卉相关的注意事项。随后，同学们都开始行动起来，他们兴致勃勃，说干就干，戴好手套，分领了劳动工具，积极参与劳动。他们分工合作，奋力争先，有的提铲挖坑，有的挥锹除草，有的栽花扶土，有的浇水灌溉……大家干得热火朝天，努力为博梦生活社区的美好景色再添一抹新绿。

　　经过两个多小时的忙碌,一颗颗花苗挺立起来,在春风中尽情摇曳。面对此情此景,同学们有了自己的感悟,纷纷表示此次劳动教育的意义很深刻:社区因为自己的劳动变得更加美好、温馨,自己也感受到了对学校的热爱和劳动的幸福感。此外,活动还加强了师生之间的交流,增进了同学之间互帮互助的情谊。看着用自己的劳动换来的满园春色,同学们心中的成就感与自豪感油然而生。

图 4-6　社区服务

　　最后,师生一起合影,共同纪念这一次具有教育意义的劳动。相信同学们在今后的生活中将会树立起正确的劳动价值观,以饱满的劳动热情投入日常的学习和生活当中,让"劳动"点亮青春的色彩。

七、外出参观和交流

　　其包括参观名胜古迹、博物馆、艺术展览等,或与其他学校、机构进行文化交流活动。

【知识拓展】

外出参观

外出参观是一种通过实地考察和观察来获取知识和经验的活动。它可以包括学校组织的教育考察、企业组织的工厂参观等。

2023年4月3日,绵阳城市学院各单位组织师生开展"缅怀先烈,致敬英雄"主题班会。师生通过诵读先烈诗歌作品,讲述革命故事,表达对革命先辈无比怀念和崇高的敬意;表示要继承先烈遗志,发扬革命精神,刻苦学习,让先烈用鲜血染红的旗帜永远飘扬在祖国的蓝天。

主题班会结束后,学校组织师生徒步来到绵阳南山公园革命烈士陵园开展祭奠活动。随后,师生们有序地参观了烈士纪念馆,聆听先辈的英雄事迹,重温革命历史照片文物。大家在陈列的展品中回顾光辉历史,深刻感悟英烈精神,传承红色基因,赓续红色血脉,汲取新时代新征程上不断前行的精神动力。

图 4-7 参观烈士纪念馆

以上仅是一些常见的形式示例,校园文化活动的形式可以根据具体情况进行创新和调整。重要的是选择适合目标和内容的形式,以提供丰富多样的校园文化体验和参与方式。

第三节　如何参加大学校园文化活动

近几年,我国高等教育越发注重学生综合素养的提升,大学校园文化活动作为提升学生综合素质的有效途径之一显得尤为重要。各高校在举办大学校园文化活动时,活动的参与度与影响力对于大学生身体素质、人际交往能力、心理素质的提升有着至关重要的作用。大学校园文化活动不仅可以丰富大学生的生活经历,还可以促进学生的身心健康发展。但是,大学生应如何选择适合自己的校园活动呢?

在选择适合的校园文化活动前,大学生需要进行自我剖析,从兴趣、能力、性格三个方面对自我需求做综合决定。

一、兴趣、能力、性格

◎（一）兴趣

兴趣是人们对某些事物、活动、领域或主题的喜欢和追求,是人们内在的驱动力,是人们选择、行动和投入的动力。兴趣可以是广泛的,也可以是专门的。它可能是由我们的基本性格和个性特征塑造的,也可能是由我们的经验和环境所决定的。

在选择校园文化活动方面,兴趣经常被视为活动选择的重要因素。如果我们有强烈的兴趣,可能会更愿意投入精力和时间去学习和发展相关的技能和知识;也可能会更容易找到满足感,并在活动中表现出色。

不同的学生有不同的兴趣爱好,选择适合自己的课外校园文化活动应该根据个人的特长、兴趣进行选择。如果喜欢文学、艺术方面的活动可以选择参加大学生文体中心、国学社等兴趣社团或专业社团，或者参加校园文化活动、夏日音乐会等活动。如果喜欢运动，可以选择参加体育俱乐部，如羽毛球社、校篮球队等兴趣社团，或者参加球类运动会、趣味运动会等体育活动。

◎（二）能力

能力通常被视为一种技能或知识的表现。能力可以是天生的，也可以是通过学习和训练获得的。它既可以是专业的，也可以是普遍的。

在选择校园文化活动方面，能力是选择活动的一个关键因素。如果大学生具有组织、策划、协调的技能和知识，更容易完成活动，并获得更高的荣誉、更多的锻炼和晋升机会。此外，具有能力的人也可能更容易适应和胜任特定的工作环境和任务。

◎（三）性格

性格是一个人的内在特征和行为模式，包括思维方式、情感表达、价值观念、行为倾向等。性格是由基因、环境和个人经验共同塑造的。它不是一成不变的，而是会随着时间和经历的变化而发生变化。

在选择校园文化活动方面，性格也是一个重要的因素。如果性格与活动要求相符合，我们可能会更容易适应和胜任活动安排，并在活动中表现出色。如果我们的性格与活动要求不相符合，我们可能会感到压力和不满意，并可能会表现出负面的行为和情感。

◎（四）兴趣、能力和性格的关系

兴趣、能力和性格是人类心理学中的三个重要概念。它们相互关联、相互影响，并决定着人们的活动选择。了解自己的兴趣、能力和性格，是做好选择的关键。大学生需要通过自我评估、探索领域和建立规划等方式，找到自己的优势和不足，了解不同活动、岗位的要求和特点，并确定自己的大学目标和发展路径。只有在兴趣、能力和性格相符合的活动中，大学生才能找到满足感,并在活动有所收获。

二、如何参加校园文化活动

大学生从自我兴趣、能力、性格三个方面出发,选择选择适合自己的校园文化活动。在参加校园文化活动时,大学生需要注意以下几点。

1. 了解活动信息:了解活动时间、地点、报名方式等相关信息,避免错过报名时间。

2. 确定报名方式:有的活动需要在校内直接报名,有的则需要在网上报名,确定好报名方式后及时进行报名。

3. 准备好所需物品:有些活动需要准备器材或服装等,提前准备好所需物品,避免临场乱了阵脚。

4. 参加活动:到达活动现场后,与组织人员联系并办理报到手续,按时参加活动并遵守规定。

5. 分享心得:在活动后,可以和同学一起分享自己的体验和心得,为下一次活动做准备。

DAXUESHENG
ZIWO GUANLI JIAOYU YU SHIJIAN
（XIAOYUAN HUODONG）

第五章
大学校园文化活动的组织、策划与实施

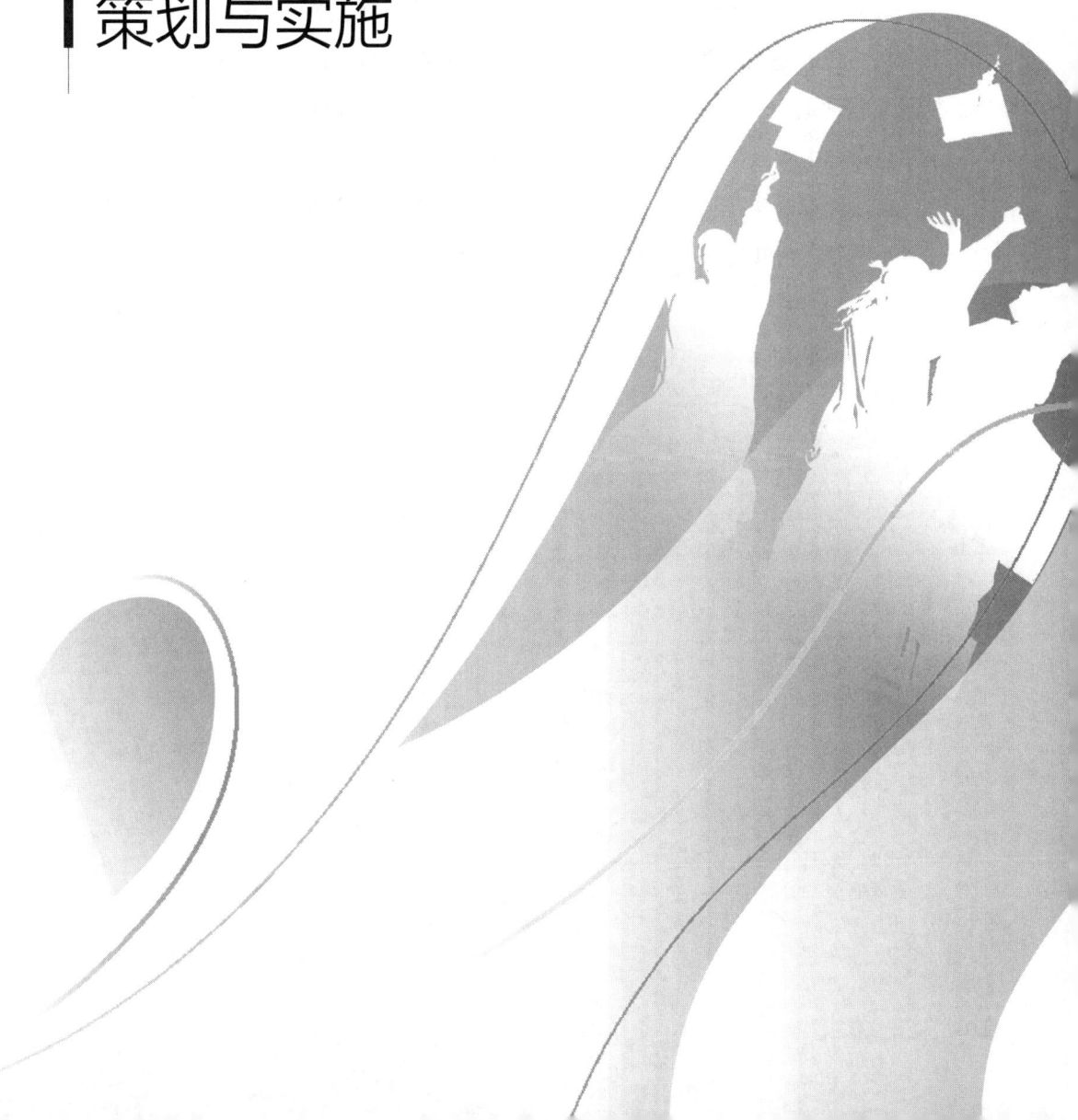

校园文化活动不仅是学校内部的活动，也是向外部展示学校特色和魅力的窗口。学校可以通过举办丰富多样的校园文化活动，展示学校优秀的学术成果、卓越的文化传统和积极向上的文化氛围。

自主组织、策划与实施校园文化活动是大学生重要的"自我教育、自我管理、自我服务"实践活动。

第五章 大学校园文化活动的组织、策划与实施

第一节　大学校园文化活动的组织

一、大学校园文化活动的组织原则

大学校园文化活动在大学生全面发展中起着重要作用。为了充分发挥校园文化活动在学生教育中的积极作用，高校在开展校园文化活动时应遵循多元性原则、普及性原则、公平性原则、安全性原则、开放性原则、持续性原则。

◎（一）多元性原则

大学校园文化活动的多元性指高校通过举办各种类型、各种形式的活动，提供多样化的活动项目和内容，让大学生能够根据自己的兴趣选择参与，以满足学生不同的兴趣、需求和特长，促进校园文化活动文化的多样化和包容性。多元性原则可以体现在以下几个方面。

1. 多样化的主题和内容：校园文化活动应涵盖不同领域和主题，如艺术表演、体育竞赛、知识讲座、社会公益等，以满足大学生的多样化需求和兴趣。

2. 多样化的形式和方式：活动的形式可以多样化，如演出、展览、比赛、讨论会等，从而吸引不同类型和喜好的学生参与；同时，活动的方式也可以多样化，比如线下和线上结合，让大学生感受不同参与方式带来的不一样体验。

3. 多元化的组织者和参与者：校园文化活动的组织者应有不同的背景和专业领域，以保证活动的多元性；同时，活动也应鼓励全体学生参与，包括不同专业、年级、国籍、性别等背景的学生，以促进文化多元性和交流。

4. 多元性的宣传和推广：为了吸引更多学生参与，校园文化活动应采用多种宣传和推广方式，如海报、官方网站、社交媒体等；同时，高校也可以与其他学校或社团联合举办活动，扩大活动影响力和提高学生参与度。

多元性意味着校园文化活动应该考虑到学生的多样性，包括兴趣、能力、文化背景等方面，给予他们更多选择的机会。通过遵循多元性原则，校园文

化活动可以创设一个多样化的学习和交流平台，丰富和提升大学生的校园生活体验。

◎（二）普及性原则

大学校园文化活动的普及性原则指活动的参与者和受益者广泛覆盖学生群体，力争让每个学生都能参与。大学校园文化活动应当涉及所有学生，不论其个人能力和水平如何。大学是一个普及教育的场所，每个学生都应有平等的机会参与到校园文化活动中。因此，大学校园文化活动的组织者应当注重普及性原则，提供不同难度和水平的活动项目，以满足不同学生的需求；也要坚持自主自愿与积极引导相结合的原则，在组织学生参加课外校园文化活动的过程中，教师的鼓励、引导是必要的；同时充分尊重学生的自我选择权和自主活动权，在组织活动时要为学生营造一个自主讨论、组织、操作、交流和评价的良好环境和氛围。普及性原则可以体现在以下几个方面。

1. 平等机会：校园文化活动应为所有学生提供平等的参与机会，应让所有学生都能获得活动信息，不论其专业、年级、性别、国籍等背景如何。

2. 负担能力：校园文化活动的费用应合理，不宜过高，以保证大多数学生都能承担得起；同时，可以通过赞助、合作等方式降低活动的经济负担，使更多学生能够参与。

3. 宣传和推广：为了让更多学生了解和参与校园文化活动，活动的宣传和推广应全面且有针对性。可以利用各种渠道，如校内广播、校报、官方社交媒体等，广泛宣传活动的信息。

4. 灵活性和多样性：为了满足不同类型学生的需求和兴趣，校园文化活动应具有灵活性和多样性。可以包括不同主题、形式和方式的活动，以吸引更多学生参与，满足不同人群的参与需求。

开展各种形式的活动，让更多的学生参与其中，提高他们的参与度和兴趣，促进校园文化活动的普及和深化。秉承遵循普及性原则，高校通过开展多层次、全方位的校园文化活动促进所有学生参与和享受整个过程，提高整个校园文化活动的普及率和多元化能力。

◎（三）公平性原则

大学校园文化活动的公平性原则指在组织和开展校园文化活动过程中，确保每位大学生享有平等的参与机会和公正的竞争环境，确保每个参与者的权益得到保障。公平性原则要求活动的规则和流程公开透明，不偏袒任何一方，不给任何一方以不合理的优待。同时，组织者还应当设立相应的监督机制，确保活动过程中不发生徇私舞弊等不公平行为。这一原则的目的是促进学生的全面发展和营造公平竞争的氛围，为大学生提供广泛参与各种文化活动的平台。校园文化活动公平性原则的具体体现包括：

1. 公正审查和选拔：确保选拔和组织校园文化活动的过程公开、公正、透明。组织者应建立公正的选拔机制，公平地评估每位学生的能力和潜力，消除任何不公平的因素。

2. 平等机会：提供平等的参与机会，不论学生的性别、年级、专业等条件。不应有任何歧视性的规定或限制，确保每个学生都有平等的机会参与到校园文化活动中。

3. 公平竞争环境：确保每个参与者在竞争环境中享有平等的条件。不允许有任何不公平的竞争手段，例如利用权力或资源不当等。同时，组织者应提供必要的帮助和指导，确保学生有平等的竞争机会。

4. 多样性和包容性：组织者应充分尊重和包容学生的不同背景、兴趣和特长，提供多种形式的文化活动，以满足不同学生的需求和兴趣。

5. 公平评价和奖励：活动的评价和奖励过程中，应遵循公平、客观、公正的原则。评委应具备专业、客观的能力，对参与者的表现进行公正的评价，确保奖励机会公平分配。

通过遵循公平性原则，大学校园文化活动能够更好地促进学生的发展和素质的提升，形成公正、多元、包容的校园文化活动氛围。

◎（四）安全性原则

大学生校园文化活动的安全性原则指在组织和开展校园文化活动过程中，确保参与者的人身和财产安全，充分考虑参与者的安全需求，提前做好相应的安全预防措施和应急准备工作。同时，应当加强活动现场全过程监管，防止安全事故以及其他不良事件的发生；创设一个安全、健康的环境，保障全员安全。实施校园文化活动安全性原则的具体措施包括：

1. 安全规划和预防：在组织校园文化活动前，进行充分的安全规划和风险评估，包括制定应急预案、明确安全责任人、预防潜在的危险和事故发生。

2. 安全设施和设备：确保场地、场所和设备的安全性，如保证舞台、灯光和音响设备的安全使用，以及紧急疏散通道和灭火设备的配置。

3. 安全培训与指导：为参与校园文化活动的学生提供必要的安全培训和指导，包括火灾逃生、急救知识等，提高学生的安全意识和应急处理能力。

4. 人员管理与监督：建立健全的人员管理制度，确保工作人员和志愿者具备相关资质和技能，并指定责任人对活动过程进行监督和管理。

◎（五）开放性原则

大学生校园文化活动的开放性原则指在组织和开展校园文化活动过程中，保持开放和包容的态度，为广大学生提供更加自由、多元、开放的参与和表达平台，促进学生的创造力、想象力和创新能力的发展，鼓励学生积极参与和表达自己的观点和才能。实施校园文化活动开放性原则的具体措施包括：

1. 泛参与：鼓励广大学生积极参与校园文化活动，不论其专业背景、兴趣爱好、性别、年级等条件，均可自由报名和参与。

2. 多元性和包容性：尊重和包容不同文化、背景、观点和才能，提供多样化的文化活动形式，如音乐、舞蹈、戏剧、讲座、艺术展览等，以满足学生的不同需求和兴趣。

3. 自主创作和表达：鼓励学生自主创作和表达，为学生提供展示自己才能和观点的机会，例如举办学生艺术作品展览、演讲比赛、创意设计大赛等。

4. 宽松管理和审查：确保管理和审查的门槛相对较低，避免任意限制和规定，给予学生更大的自由和创作空间。

5. 公开与共享：鼓励学生将自己的作品通过展示、演出和分享等方式对外公开和共享，与他人交流和互动，促进社会共享与推广。

开放性表示校园文化活动应该对广大学生开放，不局限于特定群体或团体。每个学生都应该有机会参与自己感兴趣的活动，并与他人共享和交流，促进学生之间的合作与交流。通过遵循开放性原则，大学生校园文化活动能够激发学生的创造力和创新思维，激发学生的兴趣和发展潜力，有助于营造充满活力、多元、包容的校园氛围。

◎（六）持续性原则

大学校园文化活动的持续性原则指活动应该具有持续性和长期性，以确保校园文化活动建设的稳定和连续发展。这一原则的关键在于活动的策划和组织，以确保活动能够长期不断进行下去。以下是校园文化活动策划、组织时应考虑的一些持续性原则：

1. 设立明确的目标：活动应该有明确的目标和宗旨，以指导其进行和发展。这样可以确保活动资源能够持续有效地投入，而不是临时性的行为。

2. 不断创新：活动应该具有创新意识，不断更新和改进。通过引入新的元素和理念，活动能够持续吸引学生的关注和参与。

3. 有组织的策划：活动应该由专门的组织或委员会负责策划和组织，确保活动的连续性和有效性。这样可以避免活动只是一时兴起，而是能够有持续的推动力。

4. 定期评估：活动应该进行定期的评估和反思，以发现问题和改进的空间。通过反思和改进，活动能够不断适应学生的需求和变化的环境，保持其持续性和发展空间。

5. 建立合作关系：活动应该与其他相关组织和部门建立合作关系，互相支持和促进。这样活动多方可以共享资源和经验，提高活动的质量。

大学校园文化活动的持续性原则是确保活动能够长期进行和发展的重要原则。通过设立明确目标、不断创新、组织策划、定期评估和建立合作关系，可以实现校园文化活动的稳定和长期性。学校应该建立健全的组织体系和管理机制，为活动提供持续的支持和保障，保证活动能够长期开展并逐步发展壮大。

二、大学校园文化活动组织的时代特征

党的十九大报告强调，要坚持中国特色社会主义文化发展道路，激发全民族文化创新创造活力，建设社会主义文化强国。大学校园文化活动作为社会文化的一部分，是高校师生长期积淀并不断传承的一种物质和精神产品，包括精神、物质、制度、活动、网络等层面和类型，是一个复杂而综合的系统，具有十分重要的育人功能。思想的教育引导既需要旗帜鲜明的理论阐释，也需要体现正确导向的文化滋养。校园文化活动既是校园文化活动建设本身的主要内容，也是开展大学生思想政治教育的重要载体和手段。习近平总书记在全国高校思想政治工作会议上强调，"要更加注重以文化育人，广泛开展文明校园文化活动创建，开展形式多样、健康向上、格调高雅的校园文化活动，广泛开展各类社会实践"[1]。

在校园文化活动的发展过程中，高校师生应围绕"培育社会主义合格建设者和可靠接班人"的培养目标，以中华优秀传统文化、革命文化和社会先进文化为主导，充分利用物质资源、精神财富，共同开展寓教育、娱乐、审美于一体的各种活动。这既是校园文化活动文化内涵不断丰富充实的过程，

---

1 习近平.把思想政治工作贯穿教育教学全过程 开创我国高等教育事业发展新局面[N].人民日报，2016-12-09（1）.

也是其对高校师生产生深刻影响的过程。

文化是教育的主要内容，具有润物无声的功能和作用，也是对青年学生进行思想政治教育的重要载体和途径。"在我国全面建成小康社会的关键时期，一方面，我们距离实现中华民族伟大复兴中国梦越来越近，文化自信越来越强，同时，我们也比以往任何时候更深刻地感受到建设新的文化形态的紧迫性"[1]。这种情况也自然地反映到高校校园文化活动中，体现在当代大学生的文化活动过程之中。当前，大学生思想的独立性、选择性、多样性和差异性日益增强，面对开放环境和国际化进程中的人才培养，建设新时代的大学校园文化活动形态更具有紧迫性，重视校园文化活动建设更加具有特殊意义。高校的校园文化活动建设要凝聚价值理念，坚持立德树人，聚焦青年学生的文化自信。高校要通过校园文化活动的设计、组织和管理，更好地实现文化的教育、导向、熏陶、凝聚和激励作用，并进一步将先进文化辐射至全社会。因此，在大学校园文化活动组织方面要注意把握好一些新的时代特征。

◎（一）高层次的发展定位

高等教育具有人才培养、科学研究、服务社会、文化传承创新等功能，高校在实现自身价值功能的过程中，要坚持社会主义办学方向，认真贯彻党的教育方针，努力培养德才兼备的中国特色社会主义事业的合格建设者和可靠接班人。这一高目标，要求高校要综合运用课堂教学、文化熏陶、实践锤炼等多种方式，使大学生在校园文化活动中增知识、修品德、长才干。同时，高校教育管理者应具有较高的思想素养和科学文化素养，高层次的教育管理者在指导和参与校园文化活动的过程，也是其以自身的道德和行为潜移默化地影响学生的过程。这就要求大学校园文化活动的层次和品位要体现价值导向，立意要高，格调要高。

---

[1] 冯刚. 增强高校思想政治工作的文化力量［J］. 思想理论教育，2017（7）：4-9.

◎（二）具有时代感的内容设计

大学校园文化活动作为特定人群的一个实践活动，属与社会活动中的一部分，具有鲜明的时代性，往往与当时社会的政治、经济、文化以及教育等多方面都息息相关，其要素、内容、机制、形式都在不断与时俱进。同时，大学校园文化也是社会文化的一部分，必然受到社会文化环境变化的影响，也反映在校园文化活动和师生思想实际中。比如，2012年11月15日，习近平总书记在中央政治局中外记者见面会上的讲话中宣示："我们的人民热爱生活，期盼有更好的教育、更稳定的工作、更满意的收入、更可靠的社会保障、更高水平的医疗卫生服务、更舒适的居住条件、更优美的环境，期盼着孩子们能成长得更好、工作得更好、生活得更好。"[1]这10个"更"是党和国家的奋斗目标和每个人的奋斗目标的具体体现，也是中国梦最贴近人民生活实际的诠释。中国梦的文化元素必然也应该成为校园文化活动内容设计的主要元素。另外，校园文化活动还与地域文化、社区文化、家庭文化等相互作用，一定条件下亦能影响地域文化、社区文化和家庭文化，所以，大学校园文化活动的设计、组织和管理应把握好活动内容的时代感。

◎（三）多样化的方式路径

大学校园文化活动内容的时代感，也表现为活动方式和途径的多样化。青年大学生思维活跃，乐于采用新颖的、活泼的方式开展校园文化活动，使校园文化活动更加生动形象、深入人心。当前的青年学生是享受改革开放"红利"成长起来的一代，是独生子女居多的一代，是伴随互联网成长起来的一代，这使得当代校园文化活动的方式路径应与传统有很大改变。这就需要学校对学生做出细化的分析，根据不同的学生来组织、安排、设置合理的活动内容，改进活动方式和活动效果，让学生自觉、主动、乐意地参加到活动中来。当

---

1 杨宜勇.［中国稳健前行］全面小康让人民生活更加殷实[EB/OL]. http://m.gmw.cn/baijia/2020-08/20/34105046.html.

代高校校园文化活动日益丰富多彩，这体现在活动类型的多样、活动内容的多样、活动形式的多样上，展示了当代青年学生的蓬勃朝气和创新精神。

◎（四）注重传承创新特色品牌

大学校园文化活动的建设和发展具有传承性，一所学校的传统、校训、校风、校纪等，都在活动中得到了良好延续，荟萃学校核心文化的品牌活动得到持续稳定发展。同时，随着社会的发展和教育的进步，高校校园文化活动的创新变得越来越重要。其从活动形式、活动内容、参与方式等多方面进行创新以满足新时代学生的需求，为学生提供更为广阔的发展空间。这就使得大学校园文化活动中，具有代表性和引领性的文化活动品牌的培育成为可能，也反映出不同时期青年学生的思想热点和社会变迁在校园文化活动内的折射。目前，高校校园文化活动异彩纷呈，一些学生社团、科技比赛、艺术活动、体育赛事等经过多年的发展和积淀，已在高校中形成品牌、引领风尚。

◎（五）丰富的组织形式

以往，大学校园文化活动的组织形式一般有学校主导型和学生主导型。学校主导型的组织方式是由学校职能部门、二级院系、党团组织等发起，通过"学校—学院—年级—班级"的矩阵展开活动，其组织的思想性、指导性强，覆盖面广，能将思想教育活动的精神内涵在较大范围内进行宣传。学生主导型的组织方式一般由学生社团、学生会、班委以及学生组织发起，直接面向一定群体的学生开展活动，"从学生中来，到学生中去"，形式较新颖活泼，容易吸引学生。随着大学校园文化活动的建设发展，"项目委托型"的组织方式兴起，这实际是资源的有效整合，近年来被广泛地运用实际活动中。这种方式将学校主导和学生主导相结合，既发挥学校在校园文化活动中的指导作用，又发挥学生自我组织、自我教育、自我管理的功能。高校应针对教育主题、活动内容、教育对象，采用适合的组织形式，让校园文化活动的效果最大化，从而不断推进高校校园文化活动建设。

第二节 大学校园文化活动的策划

策划和设计大学校园文化活动需要考虑多个方面,包括活动目的、参与人群、活动内容、时间安排、场地选择、宣传推广等。

一、确定活动目的和主题

做活动之前,组织者应明确此次活动的目的,是促进学生体育锻炼、增加文化艺术氛围、提升学生综合素质,还是加强团队合作?然后根据目的确定活动的主题,使活动有针对性、具有吸引力。

二、考虑参与人群

了解活动的目标受众是哪些学生群体,把握当代学生的时代特征,分析目标受众,根据不同的人群特点、兴趣爱好、知识水平等进行设计,量身定制活动内容和形式,以提高参与度和满意度。

三、制订活动计划

细化活动的时间安排,包括活动的日期、持续时间、每个环节的具体内容和安排。注意留出充足的准备时间和预算,以确保活动的顺利进行。

四、确定场地和设备需求

选择适合活动目的和规模的场地,如操场、体育馆、剧场等。确保场地和设备符合安全标准,并预留足够的空间供参与者活动和观众观看。

五、设计活动内容

结合活动目的和主题,设计多样性的活动内容,包括比赛、展览、演出、讲座、工作坊等。活动内容应注重传承创新、互动性、趣味性等,充分考虑到绝大部分同学的需求，使参与者能够积极参与和享受活动。

六、宣传推广

利用学校的舆论平台，如校报、校电视台、论坛、公共文化栏等进行多渠道活动宣传，吸引更多的学生参与。同时，与学生组织、教师合作，通过口碑传播和个人推荐扩大活动的影响力，做到"一人参与，千人关注"的良好局面。

七、考虑安全和保障

确保活动的安全性和保障措施，包括现场安全、急救措施、保险等。组织人员需要经过培训，并与相关部门合作，及时处理紧急情况。

八、活动评估与改进

活动结束后进行评估和反馈收集，了解参与者的满意度和意见建议，及时调整和改进活动，以提升活动质量和效果。学校还可以根据具体情况，进行个性化的调整和创新。

九、活动准备相关表格（表5-1到表5-4）

5-1 活动任务分解表

*××活动任务分解表					
序号	工作内容	主要负责人	时间	检查时间	签字
1					
2					

5-2 物资申请表

××× 活动 物资申请表						
序号	名称	单位	数量	单价（元）	合计（元）	备注
1						
2						

5-3 活动参与人员信息

××× 活动 参与人员信息				
序号	姓名	班级	学号	联系方式
1				
2				

5-4 活动签到表

××× 活动 签到表				
序号	姓名	班级	学号	签到
1				
2				

【案例分享】

绵阳城市学院2023年"绵城之春"文艺晚会策划案

一、活动背景

为深入学习贯彻习近平新时代中国特色社会主义思想，引导学生坚定四个自信，树立正确的世界观、人生观、价值观，激发广大青年的爱国情、强国志、报国行，唱响时代主旋律；同时，也为了展现大学生风貌，活跃校园文化氛围，为文学爱好者提供一个展现艺术才能和风采的平台，我校决定于2023年3月21日以及3月23日举行以"扬帆起航在绵城，逐梦青春向未来"为主题的"绵城之春"文艺晚会。

二、活动目的及意义

本次晚会旨在给全校师生一个展示才华的舞台，融合师生情谊，丰富大学生活，促进各学院之间的交流沟通，展示高等教育院校的特色和风采。希望通过这次晚会活动扩大我校的影响力，为新的一年开启新的篇章。

三、活动主题

扬帆起航在绵城，逐梦青春向未来。

四、活动对象

绵阳城市学院游仙校区、安州校区师生。

五、活动时间及地点

活动时间：

1. 安州校区：2023年3月21日（暂定）。

2. 游仙校区：2023年3月23日（暂定）。

活动地点：

1. 绵阳城市学院安州校区多功能演播厅。

2. 绵阳城市学院游仙校区体育馆二楼。

六、活动参与要求

（一）拟定12～14个节目

节目形式符合以下节目类型要求的团体和个人均可报名。

（二）节目征集

1. 节目类型。

声乐：通俗、民族、美声、独唱、合唱等；

舞蹈：民族舞、古典舞、现代舞、街舞、拉丁舞等；

器乐：民族乐器、西洋乐器、乐队表演、合奏、独奏及重奏等；

语言：话剧、小品、相声、朗诵、舞台剧、脱口秀、B-box 等。

2. 节目内容：所有参赛作品必须展现积极健康的精神，富有创造性、表达性，有一定的思想性、艺术性和观赏性；积极向上，富有"红色"元素，主题表达明确，队员精神面貌良好，衣着整齐大方，进出场纪律良好。表演形式不限，类别不限，需注意时长。

3. 注意事项：个人、团体、部门、社团组织均可参加报名。每个节目自行准备有关音乐伴奏和演出服饰，如无法自行准备请联系校团委大学生艺术团，所有征集的节目均服从策划审核组的编排。

4. 表演时间：

舞蹈类节目应控制在 3～6 分钟；

语言类节目应控制在 4～8 分钟；

魔术类表演应控制在 5 分钟之内；

器乐类节目应控制在 3～6 分钟；

合唱类节目应控制在 4～8 分钟。

（三）报名方式

参赛队伍填写报名表，于 2022 年 11 月 11 日 20:00 前交校团委大学生艺术团。

1. 游仙校区联系人：张老师。联系电话：1888888××××。
2. 安州校区联系人：李老师。联系电话：1366666××××。

（四）表演要求

表演者着装要求整洁、美观、大方。表演队伍自行准备彰显表演主题的音乐、PPT、视频或者背景板，上交给校团委大学生艺术团。

七、活动准备

（一）活动宣传

第一期宣传：常规宣传。

1. 2023年3月10日校团委艺术团通知各分院（艺术团）进行活动宣传，宣传时注明时间、地点、报名方式以及报名流程。

2. 2023年3月13日校团委宣传部及学生会宣传部共同制作"绵城之春"文艺晚会宣传海报及横幅张贴，并于3月14日前展示于校园内。

第二期宣传：其他网络平台宣传。

1. 2023年3月15日校团委宣传部、学生会宣传部在各自官方QQ群推送晚会主题的相关内容；

2. 2023年3月15日在"青春绵城"微信公众号上推送晚会主题的相关内容。

第三期宣传：活动后期宣传。

1. 2023年3月20日校团委大学生艺术团将彩排照片、摄影等内容制作成V-log用作宣传；

2. 2023年3月20日校团委宣传部准备新闻稿及微信推文进行报道和宣传。

（二）节目筛选

1. 游仙校区。

（1）初选：对节目大体掌握，在体育馆二楼选出符合晚会主题的节目，并给予改进意见；

（2）复选：对节目进行二次选拔；

（3）定审：由校领导定选出最终节目，并定稿节目单。

2. 安州校区。

（1）选拔：选出符合晚会主题的节目，并给予改进意见；

（2）复选：对节目进行二次选拔；

（3）定审：由校领导定选出最终节目，并定稿节目单。

3. 筛选出来的节目（提交节目所需音视频资料、PPT，最终进行彩排及演出）。

4. 活动开始前两天，各部门各司其职将场地布置好，物资准备齐全；物资准备及物资预算表见附件1。

（三）活动彩排

1. 第一次彩排。

时间地点：2023年3月9日游仙校区体育馆二楼。

2023年3月13日安州校区图书馆二楼多功能演播厅。

目的：各分院确定自己出场顺序及座次表、节目所需音视频资料、主持人串词、开场节目，熟悉各阶段衔接。

2. 第二次彩排。

时间地点：2023年3月15日游仙校区体育馆二楼。

2023年3月16日安州校区图书馆二楼多功能演播厅。

要求：带妆彩排，服装统一。

目的：确定比赛顺序、检查晚会易突发问题，并确定节目整体效果。

3. 第三次彩排。

时间地点：2023年3月20日游仙校区体育馆二楼。

2023年3月19日安州校区图书馆二楼多功能演播厅。

要求：带妆彩排，服装统一，各部门掌握工作。

目的：确定队形、调试音乐灯光设备、活动流程完整彩一遍。

4. 2023年3月21日对节目进行录制（线上情况）。3月21日如无特殊情况影响，则现场开展，晚会照常举办。

（四）场地布置、评分表和纸签准备

1. 舞台布置。

（1）背景布置：彩色气球、波浪拉旗、红色蝴蝶结、蜂窝纸球、灯串、横幅等；

（2）现场布置：干冰机、话筒、音响设备等。

2. 嘉宾席布置。确定出席活动的领导，提前安排好座位。

（五）晚会具体流程

1. 工作人员组织观众有序入场，分发礼品盲盒，引导观众打卡拍照；

2. 工作人员接引嘉宾在开场前入席；

3. 热场节目，晚会开始；

4. 晚会结束后合影留念；

5. 活动结束后由校团委及校学生会负责场地清理。

八、人员安排

（一）总协调

校团委书记处作为活动总协调，安排相关工作人员。

（二）现场维护与布置

1. 校团委青年志愿者协会和校团委大学生艺术团负责活动结束后现场卫生检查；

2. 校团委组织部、第二课堂认证中心、校学生会权益维护中心负责维持活动现场秩序；

3. 校团委办公室负责会场桌椅、席卡摆放，节目单打印及放置。

（三）后勤物资安排

1. 校学生会秘书处负责申请活动所需物资；

2. 校团委办公室负责制作活动签到表、物资分配以及活动签到；

3. 校团委科技实践部负责邀请函和PPT制作；

4. 校团委大学生艺术团负责现场礼仪需要和嘉宾接待、到场领导名单的确认、颁奖、领导茶水服务；

5. 校学生会社团管理部负责所需道具的保管、传递话筒及节目道具；

6. 校团委大学生艺术团负责多媒体播放内容准备。

7. 校团委科技实践部负责舞台灯光调试与使用；

8. 校团委组织部负责现场舞台控制。

（四）主持人

1. 赵老师（联系方式：1355555××××）。

2. 叶老师（联系方式：1777777××××）。

（五）邀请嘉宾

校领导及学工服务中心领导，各社区指导教师。

九、应急方案及注意事项

（一）应急方案

1. 指导思想：

按照绵阳城市学院应急方案指导思想，为了做好晚会的安全防范工作，成立安全防范及安全事故领导小组，当突发事件发生时，做到统一指挥，有效地处理突发事件。本着"预防第一，万无一失"的安全工作原则，特制定如下工作预案。

2. 成立安全防范及安全事故领导小组：

（1）总指挥：张老师。

（2）副总指挥：陈老师、刘老师。

（3）下设13个小组。秩序维护组（场控组）：校团委组织部、校团委青年志愿者协会；安全保卫组：校学生会权益维护中心；临时机动组（机动组）：校学生会文体中心；后勤保障医疗组：校医务处；办公组：校团委办公室；后勤组：校团委青年志愿者协会、校学生会权益维护中心；礼仪组：校团委大学生艺术团；节目组：校团委大学生艺术团；PPT组：校团委科技实践部；话筒组：校团委大学生艺术团、校团委办公室；宣传组：校团委宣传部、校学生会宣传部；道具组：校团委第二课堂认证中心；气氛组：校学生会秘书处。

3. 节目应急方案。

（1）台上一个节目演出时，其后的2个节目在后台准备，前一节目因某种原因无法按时演出时，主持人采用合适的方式热场，工作人员及时跟进解决问题，确保晚会正常进行。

（2）任一节目在演出过程中发生失误或无法顺利进行的情况时，由节目的舞台监督迅速组织演员继续表演节目；若仍出现问题，则该节目立即退场，视具体情况轻重决定其继续表演或取消表演。

4. 捣乱滋事应急方案。

（1）迅速带领学生离开现场，同时联系安全保卫组；

（2）安全保卫组迅速将外来人员带离比赛现场；

（3）如果情况超出学校处理范围，立刻拨打110报警；

（4）若有学生受伤，进行紧急处理，若伤势严重，立刻拨打120，送受伤人员就医。

5. 学生突发情况应急方案。

（1）校团委向各节目召开以活动安全注意事项为主题的会议，并由各班班委对班内同学们进行事先教育；

（2）晚会期间，学生必须遵守会场纪律，如有违反，按学校有关制度进行处理；

（3）活动前由辅导员对学生做好动员工作，网络直播必须保持秩序，有序进行。

（二）注意事项

1. 晚会全过程由现场总导演统一协调指挥。所有工作人员需服从指挥，工作人员不得擅自离开工作岗位。

2. 工作人员需提前三小时、主持人需提前两小时、表演人员需提前两小时到达演出现场，及时换好演出服装做好出场准备。

3. 做好晚会开始的准备工作,确保晚会顺利进行。

4. 为确保安全及比赛顺利进行,请现场所有人员不要随意串走。

5. 策划方案仅供参考,具体情况请主持人和导演灵活掌握。

附件1 物资申请表

安州校区及游仙校区物资申请表

编号	物资名称	单价(元)	数量	总价(元)	备注
1	节目单	3	40	120	嘉宾人手一份
2	邀请函	2	40	80	嘉宾人手一份
3	席卡	20/10个	3	60	嘉宾人手一份
4	矿泉水	1	一箱	后勤	嘉宾人手一份
5	横幅	10	4	40	宣传晚会
6	造型、化妆	45	39	1755	主持
8	荧光棒(定制绵阳城市学院)	1	700	700	观众手持
9	糖果	40/袋	30	1200	观众每人一颗
10	礼仪托盘布	10	12	120	颁发礼品
11	丝带手环	0.6	1300	780	观众人手一根,带数字抽奖使用
12	气球	10/100个	40	400	装饰会场
13	电动打气筒	50	5	250	气球充气
14	绿植盆栽(小)	30元/10盆	2	60	装饰会场
15	绿植盆栽(大)	50	4	200	装饰会场
16	入场礼物(动物盲盒)	0.7	300	210	赠送观众

续表

编号	物资名称	单价（元）	数量	总价（元）	备注
17	舞蹈服装（这世界那么多人）	6	105	630	校团委节目表演
18	主唱服装（这世界那么多人）	5	95	475	校团委节目表演
19	海报	30	10	300	宣传晚会
20	礼仪服	10	100	1000	礼仪颁奖穿着
22	主持人服装	4	400	1600	主持人主持穿着
23	抽奖礼物（毛毯）	20	10	200	抽奖，二等奖奖品
24	抽奖礼物（钥匙扣）	1	20	34	抽奖，三等奖奖品
25	答题礼物（胸针）	1	10	10	回答问题奖品
26	主持人手卡	5	4	20	主持人主持使用

第三节　大学校园文化活动的实施

本节以绵阳城市学院为例。基于前文中提到人学校园文化活动的组织原则，结合"三自"教育理念，绵阳城市学院在大学校园文化活动的实施过程中，改变传统的大学校园文化活动组织方式，由学校团委、教师主导转变为由学生主导，充分发挥学生主观能动性和主体能动性。"绵城"学子在活动中主动积极转变思维态度，思考如何办出有影响力、具有创新性、体现学校品牌精神的校园文化活动，并将活动落地实施。活动实施前后，学生除了秉承实施原则，撰写策划与设计方案外，对于整个活动的实施过程也要有更全面的理解和认识。

一、确立学生活动团队

学生活动团队根据活动的规模类型进行组建：有活动主要负责人，以便协调团队各部门之间的关系；有活动专项指导教师，将学校精神的表达与思想政治教育使命结合，并准确体现于活动中；其余成员由学校不同专业的学生组成，充分体现学校各专业人才培养目标中的一致性，以培养学生团队合作能力。

二、环境分析

环境分析可以从两方面进行：一是内部环境分析，包括学校基础设施、学生性质和学校校园文化活动建设方向等。二是外部环境分析，包括新闻时事热点、社会发展趋势等。

三、确定活动目的

校园文化活动的实施过程，应根据期望目的，结合活动组织团队的实际能力和情况进行合理制定。

四、设计活动主题

一个好的主题，不仅能形象生动地概括文化活动的主体思想，使整个活动的主旨、格调、气氛和境界都得到升华，而且能引起广大受众的共鸣，产生较强的感染力和吸引力。

五、确定活动目标对象

大学生校园文化活动目标对象的确立也十分重要，这关系到活动实施全程的侧重点，特别是宣传工作的覆盖面；也是展现活动影响力的关键因素。要最大限度地提高活动影响力，就应该明确目标对象，才能做到精准宣传、提高活动参与度。

六、选择活动宣传媒介

大学生校园文化活动的宣传对象以校内的学生为主,首先通过张贴海报、宣传广告、校园文化活动广播、网上发布信息等方式进行公布宣传,宣传内容要贴合生活实际,激发学生兴趣。其次,基于高校校园文化活动环境具有群体传播的良好基础,可以采用通过学生干部团队以友带友、老带新的形式进行群体传播,达到宣传覆盖面最大化。

七、活动方案的设计与创意

大学生校园文化活动在设计方案时要尽量发挥学生团队的群体智慧,总体设计要具有规范化特征,局部设计要具有多样化特征,体现思想政治教育使命、学校精神,具有明确的教育主题、品牌形象识别系统,并且在活动实施过程中要具有可行性、创造性、效益性、可操作性、传承性、延续性、影响力和示范作用。

以上为大学生校园文化活动的前期准备工作,在具体落地实施方面有如下几个步骤。

(一)活动方案、策划的审批和报送

学校大型活动审批制度的主要目的是规范学校内大型活动的筹备与举办流程,保障学生和教职员工的人身安全,维护正常的教学秩序和校园文化活动秩序,维护学校自身形象和声誉。

学生活动申请流程如下(一般通过线上的形式):

1. 举办大型活动的组织者需要填写申请流程,并附上活动计划书、活动预算明细表、安全保障方案等。

2. 申请表需要先交由指导教师审核和审批。

3. 申请表待指导教师通过后需提交至学校相关部门进行审核和审批。

4. 如果活动规模较大,安全保障部门还需要审核和审批相应的安全保障

方案。

◎（二）活动实际开展流程

1. 活动物质的采购。

如比赛类的奖品、表演类的服装道具，志愿类活动的保障物质等，学校统一采购都是需要时间的，在审批通过的第一时间及时提交给后勤采购部门，避免影响活动正常开展。此外一般学校采购部的采购时间都比自行采购的长，如遇到需要紧急采购的物资可自行采购，但自行采购的物资需按照流程进行报销。以绵阳城市为例。首先打印活动中所有自行采购的物资的发票（发票信息户名和税号均为学校正确信息）；其次找后勤负责仓库物资管理的教师入库所有自行采购的活动物资；再次带着入库单和发票找学校相关部门存档（同时出具活动审批通过单－打印出来）；再次所有报销材料整理为电子版形式同步发送；最后由相关部门统一提交给财务处负责教师，走学校报销流程。

2. 活动前期造势与宣传。

根据前文提到的预先准备宣传方案，围绕活动主题设计活动海报、撰写宣传文稿、在校园文化活动各地人流量大的区域设置活动宣传流动摊位，提升学生关注度。

3. 活动场地的借用和设备的使用。

每所大学都有专门用于开展活动的场地，但因活动种类数量繁多，需进行统一借用，借用前需根据活动要求选择适合活动目的和规模的场地，如操场、体育馆、剧场等。确保场地和设备符合安全标准，并预留足够的空间供参与者活动和观众观看。

4. 活动流程的审核与预演。

比赛类活动需对参赛学生提交的竞赛内容进行提前审核，评估是否符合比赛要求，有无明显消极错误的内容，为保证比赛高质量顺利进行，一般需要选手对场地进行熟悉，提前预演；表演类活动需要对参演节目进行选拔审核与筛选，为围绕活动主题还可能进行节目内容调整，并且表演类活动往往为了保证观众体验感，必须确保活动内节目的完整性与连贯性，因此整体彩排不低于三次，节目组内彩排不低于五次。志愿类活动需要提前过一遍活动流程，保证活动中无安全隐患，活动过程及结尾让人感觉有价值，避免出现无意义、盲目摆拍等行为。

5. 活动过程可能出现问题的提前预估与解决方案。

每一件事情都有它的不确定性和不确定因素，对活动过程可能出现问题的提前预估和设置"预备方案"，才能保证活动万无一失。如比赛类活动选手紧张发言中断、长时间空白，表演类活动话筒无法收声、音响出现故障等，都可以选择主持人进行控场与救场；志愿类活动出现意外状况，如何处理跟后续活动内容的衔接，要有明确的流程与方案。

6. 活动工作人员安排与目标群体的邀请。

活动工作人员的安排需要根据活动规模和类型进行分配，对于活动过程的每一个环节都要求有专门的工作人员进行指引和推进，所以，如何拆分活动内容、分配工作人员是活动是否能正常开展的关键。尤其是比赛类和表演类的节目，观众需求度较高，如何激发学生兴趣，提高参与度，避免强迫性参与，才能保证观众的受益性和体验感。是否需要邀请函，座席如何安排，在活动过程中如何提高观众参与感和注意力，是评判一个活动是否具有积极影响力的重要因素。以"绵城之春"迎新晚会为例，通过将活动内容分为统筹、后勤、节目、技术支持、场控等模块，将学生团队分为导演组、后勤组、节目组、技术人员、氛围组等小团队，明确职能划分，各司其职。对观众分发带有特定编码的邀请函，以此编码进行抽奖活动，激发学生兴趣，在入场时给观众分发荧光棒和充气棒，增加活动会场的氛围感，提升观众参与感。

7. 活动结束后的及时收尾工作。

除了对于借用场地的清扫和归还，往往结尾更需要对于团队的赞扬和鼓励，在此时留下一张大合影，记录大家此时的状态和心情，留下属于自己的独家纪念。

8. 活动的总结与反思。

任何活动都需要在完成后进行复盘、反思和总结，从是否围绕活动主题、是否达到活动目标、是否符合活动要求、是否具有积极的影响力等方面进行复盘和总结，再对其中不完美的部分进行反思，提出优化方案，才算是给此次活动画上了圆满的句号。

【案例分享】

"绵城寻宝人"大赛活动

一、前期策划

（一）确立学生活动团队

本活动团队选拔1名学生作为主要负责人，推动团队合作共创；指导教师3名，进行活动过程的审核和指导；其他成员涉及我校7个专业的学生，包含数字媒体技术、产品设计、城乡规划等。

（二）组织分析环境

本活动主要在绵阳城市学院安州校区内开展，产品设计专业的学生通过绘制安州校区地图分析藏宝地点（如下图），其他团队成员根据同学们日常活动区域设想活动可行性。

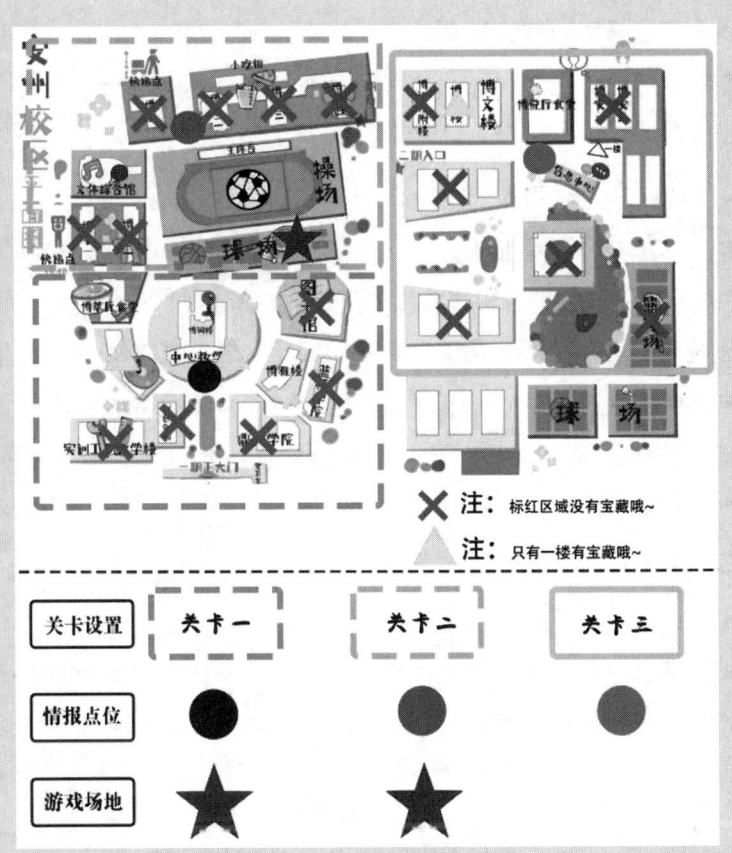

（三）确定活动目标

为了加强同学们的归属感，丰富大学集体生活，增进同学们的友谊，培养团队合作意识，开展此次寻宝大赛。本次活动的路线几乎囊括整个安州校区，能让参与者对校园里曾被同学们遗忘的角落和新开设的地点有进一步的了解，便于同学们今后的学习和生活。

（四）设定目标主题

探寻宝藏，成为最熟悉绵阳城市学院校园的寻宝人。

（五）确定活动目标对象

此次活动面向绵阳城市学院安州校区全体学生。

（六）选择活动宣传媒介

张贴海报、设置宣传流动摊位、发布活动信息到各大学校消息公布群进行宣传。

（七）活动方案的设计与创意

在学校运动会的基础上，为了加强除参赛运动员以外其余同学的参与感，落实大学生校园文化活动建设工作，加强同学们的体育竞技精神，同时让同学们对于校园文化活动产生认同感和荣誉感，对校园文化活动环境与文化有更强烈的认识和了解，学校特举办本次寻宝大赛。其中，到运动场找寻志愿者同学，通过与其比赛获得线索等创意环节趣味十足，能充分激发同学们的热情。

二、活动具体落地实施

（一）活动方案、策划的审批和报送

线上审批表单中除了附上活动计划书、活动预算明细表、安全保障方案等。审批申请的内容格式也是体现活动规范化的重要因素。活动审批申请内容如下：

××单位关于举办××活动的请示

尊敬的学校领导：

为了……，××单位定于×月×日在××举办活动，相关活动方案已添加至附件，总预算××元。活动所需物资由活动负责人自行采购后，根据学校规定报销，由采购部门协助采购。

妥否？敬请领导批示！

××单位
×月×日

（二）活动实际开展流程

1. 活动的物资采购。

序号	名称	单位	数量	单价（元）	合计（元）	备注
1	海报	张	10	/	/	活动游戏规则介绍
2	横幅	幅	5	/	/	宣传
3	入场券	份	600	/	/	参赛凭证
4	矿泉水	件	5			工作人员
5	糖果	斤	20	10	200	安慰奖
6	信封	个	1000	0.07	70	活动道具
	合计				270	

2. 活动前期造势与宣传。线上编辑生动有趣的文案，线下张贴宣传横幅和海报，并制作学校地图KT板在学校食堂门口进行活动宣传，激发同学们的兴趣。

活动文案内容例如下：

叮咚——你有一份新的活动，请注意查收……（引起注意）

春日有缘，绵城有宝……（活动主题）

四月清，雨乍晴……（公历四月，即农历三月清明、谷雨节气产生联想）

为展示我校学子风采，丰富校园"第二课堂"活动，营造积极向上健康文明的校园文化活动氛围，享受当下美好的大学时光，学校特此举办寻宝游园活动，真诚邀请各位小伙伴们，在这和煦的季节，探索属于"绵城"的四月"宝藏"……（活动目的）

参与是一种快乐，探索是一种冒险，发现是一种惊喜，每一条线索都隐藏着一份新奇，你想要的趣味"寻宝游园活动"统统给你，名额有

限，先到先得……（激发兴趣）

活动时间：2023年4月24日。

活动地点：绵阳城市学院安州校区。

活动对象：绵阳城市学院安州校区全体在校学生。

报名方式：线下领取入场券并登记信息。

通过QQ搜索群号或扫描下方二维码解锁更多精彩内容。（建立活动专用群更利于信息有效传播）

3. 活动场地的借用和设备的使用。此次活动的场地为校区内，设置线索藏匿位置时注意场合，避开自习室、图书馆等需要保持安静的区域；在保护绿色环境的基础上，也避免进入草坪等区域。

4. 活动流程的审核与预演。此次活动安排了3名同学对所有比赛流程和内容进行了预演，选出了符合要求的10个比赛项目，设置了完整的比赛流程图（如下）。

第五章
大学校园文化活动的组织、策划与实施

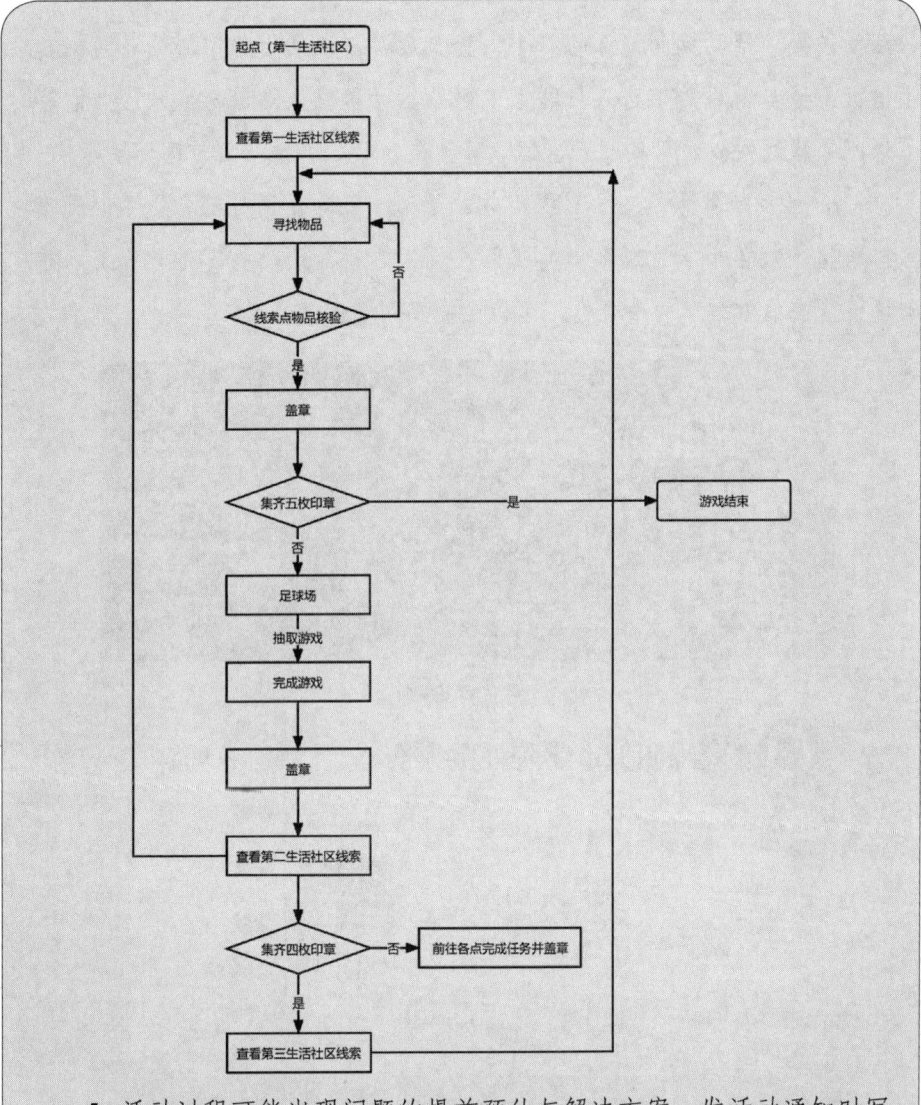

5. 活动过程可能出现问题的提前预估与解决方案。发活动通知时写明注意事项和参赛过程中可能遇见的问题，如：每个点位完成环节后，一定要盖章，凭借章数才能参与下一轮游戏；活动涉及多项运动项目，请各参赛人员穿着宽松适合运动服装；拿到入场券后仔细查看券上的地图及编号；活动期间时刻关注活动群消息，群内会随时播报各线索信息及

活动进展；活动期间请保管好个人贵重物品；活动过程中遇到任何突发情况，请与就近的工作人员联系或联系活动负责人；请勿进入图书馆等场所寻找线索；活动期间产生的垃圾请自行带走，维护好校园环境等。

6. 活动工作人员安排目标群体的邀请。此次活动专门分发了人员安排表格，对各个点位或环境的工作人员都进行了明确的安排与分工，并设计了有线索编号的参赛券，可极大提高同学们的兴致。

参赛券正面

参赛券背面

7. 活动结束后的及时收尾工作。在活动结束时，各点位的工作人员负责走访线索藏匿位置的周边，检查是否有垃圾，并及时清扫；安排专门的同学计算分数，统计出积分前30名的同学，颁发奖品和奖状。

8. 活动的总结与反思。此次活动因为趣味性和创新性较大，同学们的参与度与热情度都非常高，但因参与人数多、流程紧凑，活动实施中出现了线索断层、没有及时发布任务等情况,需要进一步完善,需要更深层次的思考和改进。

DAXUESHENG
ZIWO GUANLI JIAOYU YU SHIJIAN
(**XIAOYUAN HUODONG**)

第六章
绵阳城市学院校园文化活动

绵阳城市学院，原名西南科技大学城市学院，建校十五年来，先后获得"四川省文明校园"、西部计划"全国优秀项目管理办公室"等荣誉，累计为社会培养了两万余名应用技术型人才，连续多年被评为毕业生就业先进单位，正为建设西部一流、全国知名、特色鲜明的应用技术型大学而努力奋斗。

绵阳城市学院结合普通大学校园活动共性和其自身应用技术型大学特性，每年都会举行丰富多彩的校园文化活动。如2022年，绵阳城市学院组织师生到北川羌族草编市级非遗项目传承人黄强创建的企业实地参观和实践，体验草编的整个过程，领悟非遗项目的艺术价值，了解非遗传承人的故事。其后，师生还邀清了传承人进校园，让更多的师生来感受传统文化的魅力。

第一节　绵阳城市学院校园文化活动类别

绵阳城市学院在教育综合改革的过程中，积极探索"活动项目化、项目课程化、课程特色化"的校园文化活动建设路径，开展了多层次、全方位的校园文化活动。

一、科技竞赛类

科技竞赛类活动：创新创业校内选拔赛活动，主要筹备"挑战杯"全国大学生系列科学技术竞赛、"青创杯"广州青年创新创业大赛等创新科技活动。活动目标是培养参与者的科技兴趣和爱好。科技竞赛类活动可以通过生动有趣的方式展示科学理论和技术应用，让参与者亲身体验到科技的魅力和神秘感。

二、科技文化类

科技文化艺术节：建造文化周活动、艺术节毕业设计展活动。活动目标是充分地彰显大学生的专业精神、创新精神、工匠精神，培养大学生高雅的审美情趣，让学生做一名有温度、有情怀、有风骨的建造者，提高学生的实践与团结协作能力。

三、社会实践类

社会实践类活动：以提高大学生综合素质为目标，使广大学生在实践中受教育、长才干、拓展综合素质，有效地把文化、科技、卫生"三下乡"社会实践活动推向长期化、项目化、阵地化发展。

四、思想道德类

"荣耀绵城"颁奖典礼：以激励绵阳城市学院学子勤奋学习、争先创优、奋发有为，培养"多专多能"型人才为活动目标。

五、体育美育类

1. 春季运动会：活动目标是全面贯彻落实党和国家加快建设体育强国步伐的要求，大力营造"阳光体育、团队协作"的校园文化活动氛围，加强大学生之间的交流，体现大学生之间团结合作的品质，增强班级凝聚力，传播积极能量，丰富大学生的课余生活，增强大学生体质。

2. 球类运动会：活动目标是丰富全校师生课余文化生活，倡导"每天健身一小时，健康生活一辈子"，全面推进学校健身运动的深入开展，增强学生的身体素质和凝聚力，构建和谐校园。

六、文化艺术类

1. 绵城吉尼斯之夜：活动目标是充分挖掘学生个人潜能，丰富校园文化活动生活，给大学生搭建一个展示自我的平台，让学生发现自我、挑战自我、超越自我、做自己的主角，展现当代大学生青春活力和积极向上的精神风貌，创建和谐校园。

2. 毕业季系列活动：活动目标是为营造温馨和谐的毕业氛围，加强对毕业生的人文关怀，将毕业生的热情引导到感恩母校、立志成才和服务国家建设的实际行动中。

3. 迎新晚会：活动目标是为新生展示绵阳城市学院特色校园文化，让新生能够真切地感受到绵阳城市学院的和谐与活力，从而激发新生对学校的自豪感与归属感，让新生结识更多志同道合的朋友，更好地适应大学生活；同时，锻炼新生的组织策划能力。

4. 社团嘉年华：活动目标是活跃校园文化氛围，丰富大学生的课余活动，展示各社团多年来的成果，增进在校大学生对社团的了解和认识。

绵阳城市学院每年都会举行文化艺术节，展现学校学子青春飞扬的魅力。

文化艺术节的活动丰富多彩，校园内到处都洋溢着青春的气息，展现出了大学生独特的朝气和活力。

七、文化活动类

1. 美食文化节：活动目标是为了促进同学间的交流与合作，提高大学生的动手能力，让大学生了解美食文化，拥有一个美好的大学生活。

2. 心理情景剧：活动目标是通过情景剧表演传播积极向上的生活学习理念，激发学生热情，活跃学院气氛，推广校园文化活动，以最能触动大学生心灵的心理情景剧来使大学生审视自己、思考人生，从而找到最恰当的方法驱散心中的阴霾、让阳光洒满心田。

3. 教师节系列活动：活动目标是为热烈庆祝教师节，弘扬尊师重教的良好风尚，引导大学生感念师恩、礼敬教师，努力营造浓厚的节日氛围。

4. 双节系列活动（国庆和中秋）：活动目标是庆祝国庆节，宣传中国传统节日，提升学生幸福感，培养学生社会责任感。

八、志愿服务类

志愿服务活动：活动目标是规范和加强大学生志愿服务的管理，发挥志愿服务的社会价值，提高大学生的社会责任感和社会参与度。

第二节　绵阳城市学院特色校园文化活动

一、颁奖盛典活动——以"荣耀绵城"为例

"荣耀绵城"年度颁奖盛典是绵阳城市学院特色校园文化活动之一，是学校典礼文化的重要组成部分，通过表彰先进、树立典范、展示风采，调动全

校学生的学习积极性，推动学校工作健康全面可持续发展，激励广大"绵城学子"勇挑时代重任，争做有为青年，鞭策广大"绵城学子"勤学笃行、立志成才。"荣耀绵城"颁奖盛典各大奖项宣传、评选从每年9月启动，颁奖典礼在次年6月举办，全体在校生均参加评选。

◎（一）举办"荣耀绵城"颁奖盛典的目的及意义

"荣耀绵城"颁奖盛典是绵阳城市学院重要的典礼文化活动之一，是学校学风、校风建设的重要组成部分，主要目的和意义体现在以下几个方面：

1. 营造氛围。

通过组织各类奖项的评选工作在校园里营造良好的学习氛围，建立优良学风、校风，给学生创造一个和谐美好的学习环境。

2. 促进交流。

为不同年级、不同专业的学生提供一个交流学习的机会，通过优秀典型人物、先进事迹等分享和传递学习经验，帮助更多的学生取得优异成绩。

3. 传承文化。

"荣耀绵城"颁奖盛典是"绵城学子"优良品质届届传承的重要承载平台，也是学校展示教育管理成果的组成部分，通过届届传递让学校的文化特色得以不断的提炼、升华。

4. 展示才华。

"荣耀绵城"颁奖盛典给优秀学生提供了一个展示自我的舞台，有助于激发他们的学习和工作积极性、提高自信心，带动更多学生努力学习、积极工作。

5. 团结协作。

筹备和组织"荣耀绵城"颁奖盛典的过程，需要学生团队的协作与沟通，有助于培养他们的团队精神和组织协调能力。

6. 弘扬争优创先精神。

通过举办"荣耀绵城"颁奖盛典传扬积极进取、争优创先精神，促进学生树立积极的学习和工作目标，不断提升自己的综合素质。

"荣耀绵城"颁奖盛典有助于学生树立正确的学习目标和人生目标，对引导新生尽快适应大学生活起到积极作用。举办"荣耀绵城"颁奖盛典可以在校园里营造一个良好的学习氛围，激发学生积极进取、突破自我的奋斗精神。

◎（二）"荣耀绵城"颁奖盛典的举办形式

"荣耀绵城"颁奖盛典通常由党委主办，学生工作处制定各类奖项的评选方案，面向全校学生发出评审通知。学生资助管理中心负责组织各类奖项的评审工作。各级评审工作人员要对整个评审工作进行广泛宣传，确保达到在校学生全覆盖。工作中要严格遵守评审要求，保证评审工作公平、公正、公开。奖项如下：

1. 绵城之星：考核期内获得国家奖学金。

2. 绵城通才：考核期内获得大学生综合素质 A 级证书。

3. 竞赛先锋：考核期内获得省级竞赛一等奖及以上奖项。

4. 创新先锋：考核期内成功申请专利、发表核心期刊论文。

5. 绵城楷模：考核期内获得绵阳市三好学生、优秀学生干部称号。

6. 考研牛人：考核期内考入"双一流"大学。

7. 十佳班委：各分院根据分配名额参考"'十佳班委'评选标准"等额评选，共 10 名。

8. 团学之星：各级学生组织根据分配名额参考"'团学之星'评选标准"等额评选，共 10 名。

9. 自治先锋：各级学生组织根据分配名额参考"'自治先锋'评选标准"等额评选，共 10 名。

10. 志愿先锋：考核期内根据"志愿先锋量化考核表"计算总得分前 10 名。

11. 创业先锋：成功注册公司且考核期内产值超 50 万元。

12. 绵城学霸：入学以来平均学分绩点位于：400 人以内专业第一名，

400～800人专业前两名，800人以上专业前三名。

在"荣耀绵城"的基础上，学生资助管理中心根据《"绵城精英"奖学金评选细则》组织评选"绵城精英"奖学金，获得"荣耀绵城"各奖项的学生才有资格申请"绵城精英"奖学金。学生资助管理中心根据评选细则设定量化考核表，按总成绩排名前10名的获得特等奖学金，每人奖金10000元；11～30名获得一等奖学金，每人奖金4000元；31～60名获得二等奖金，每人奖金3000元；61～100名获得三等奖金，每人奖金2000元。

◎（三）学生参与"荣耀绵城"颁奖盛典的方式

大学生参与"荣耀绵城"颁奖盛典有多种方式，大学生可结合自己情况有针对性地选择参与方式，以达到展示自己、锻炼自己的目的。

1. 以获奖学生代表身份参与。

学生应在每学年开学初就根据各类奖项评选标准给自己设定目标，争取能够获评，进而争取到学校的奖学金。

2. 以组织人员身份参与。

"荣耀绵城"颁奖盛典需要多类组织人员，学生可结合自身情况选择参加。

（1）策划人员。

擅长活动策划的学生可报名参加"荣耀绵城"颁奖盛典的前期策划工作。策划团队通常由教师指导，高年级学生担任团队负责人，结合"荣耀绵城"颁奖盛典的基本要求和学校的典礼文化特色制定"荣耀绵城"颁奖盛典策划方案。

（2）宣传人员。

擅长活动宣传的学生可报名参加"荣耀绵城"颁奖盛典的宣传工作。宣传团队通常由教师负责，"荣耀绵城"颁奖盛典正式启动之前制定具体的宣传方案，在正式启动时立即开始前期的宣传工作，典礼结束后还需在各大媒体平台进行宣传报道，增加先进学生的影响力。同时，宣传团队还需负责整个典礼活动的主持稿、颁奖词的编写，以及拍摄先进事迹视频等工作。宣传人员需要具备摄影摄像、视频剪辑、修图、文字编辑、页面编辑及视频制作等能力。

（3）组织人员。

擅长沟通和组织的同学可报名参加"荣耀绵城"颁奖盛典的组织工作。组织团队通常由教师指导，分小组由高年级学生担任小组负责人，新生是主要的执行者。通常有组织小组，主要负责组织各大奖项的评选工作，制作证书、奖杯等；后勤保障小组，主要负责各类物资保障工作，现场秩序维护等；外联组，主要负责对接各获奖选手上台领奖，同时负责拉取赞助，协调后勤搬运物资，协调颁奖嘉宾为获奖学生颁奖；办公小组，负责相关经费及物资的调配等。

3. 以观众身份参与。

学生以观众的身份参加"荣耀绵城"颁奖盛典，去学习获奖学生的先进事迹，给自己建立积极的学习目标。

二、球类运动会活动

球类运动会是由团委举办的面向全体学生的一项集体运动比赛，通过举办球类运动会推动体育运动的普及与发展，丰富同学的课余文化生活，增强学生体质，加强学生之间的交流，体现学生团结合作精神，增强团队凝聚力。球类运动会举办时间在 11 月左右，全体在校生均可报名参加选拔赛。

◎（一）举办球类运动会的目的及意义

球类运动会是学校的大型活动之一，举办球类运动会主要目的和意义体现在以下几个方面：

1. 营造氛围。

通过组织各类球类比赛激发学生运动热情，促进学生身体素质的全面发展，同时还能不断提高学生的各项技能水平和运动成绩。

2. 促进交流。

球类运动会为不同年级、不同专业的学生以及教师提供一个交流平台，有助于他们互相了解、沟通和建立联系，有利于学生拓展人际关系、提高人际交往能力。

3. 传承文化。

举办球类运动比赛，传扬坚持不懈、积极向上、敢于拼搏的精神，同时也可以培养学生不畏困难、勇往直前的精神。

4. 展示才华。

球类运动会给具有体育特长的学生提供了一个展示自我的舞台，有助于激发他们的潜能、提高自信心。特别是近几年学校招收体育专业学生后，需要给他们一个展示自我的机会，并通过比赛检验自己的成绩。

5. 团结协作。

筹备和组织球类运动会的过程需要学生团队的协作与沟通，有助于培养他们的团队精神和组织协调能力。

6. 弘扬拼搏精神。

球类运动会通常以顽强拼搏精神为主题，倡导以球会友，有助于引导学生树立积极的追求精神。

球类运动会在帮助学生增强体质、展示专业特长、排解学习压力等方面具有重要意义。举办球类运动会，可以在校园文化活动营造一个全民健身的校园文化活动氛围，激发学生强身健体、保家卫国的奋斗精神。

◎（二）球类运动会的举办形式

球类运动会通常由团委制定比赛方案，面向全校学生发出邀请。体育教研室制定竞赛规则，确定比赛项目及比赛规则等。

因球类运动会有一定安全风险，比赛要求所有参赛选手、裁判员、组织人员首先要保证人员安全,在此基础上争取更好的成绩。

球类比赛主要有篮球比赛、乒乓球比赛、羽毛球比赛。

比赛由体育教研室组织专业教师带领学生团队具体负责每个比赛项目的组织工作。除了正式比赛,还举行各类友谊赛和训练赛。因足球比赛风险较大,暂未设置为正式比赛项目,只组织友谊赛。

◎(三)学生参与球类运动会的方式

大学生参与球类运动会有多种方式,可结合自己的特长有针对性地选择参与方式,以达到锻炼自己社交能力、组织能力和提升自己体育竞技能力的目的。

1. 以运动员身份参与。

学生如果有球类技术特长,可以通过申请参加预选赛,预选赛不限制报名人数,所有学生均可报名参加初选、复选。比赛注重过程,重在参与,不管竞技水平高低,鼓励学生积极报名参赛,以强身健体为主要目的。

2. 以裁判员、表演人员、啦啦队队员身份参与。

裁判员通常由熟知球类比赛规则、具有裁判经验的同学担任,经过体育教师的专业培训后持证上岗,裁判员需保持客观公正的态度,保证比赛的公平、公开、公正。为了弘扬体育文化精神,球类运动会开幕式、闭幕式通常会安排节目表演,学生如果有表演特长,可申请加入表演团队。各参赛队为给参赛选手助威加油,调动现场观众的活跃气氛,通常会组建自己的啦啦队,有特长或爱好的同学可报名参加啦啦队的选拔。

3. 以组织人员身份参与。

球类运动会需要多类组织人员,学生可结合自身情况选择参加球类运动会的组织工作。

(1)策划人员。

擅长活动策划的学生可报名参加球类运动会的前期策划工作。策划团队通常由教师指导，高年级学生担任团队负责人，团队成员在教师和团队负责人的指导下发挥自己的活跃思维，结合球类运动会的基本要求和学校的体育文化特色制定球类运动会策划方案。

（2）宣传人员。

擅长活动宣传的学生可报名参加球类运动会的宣传工作。宣传团队通常由教师负责，球类运动会正式启动之前制定具体的宣传方案，在正式启动时立即开始前期的宣传工作。在比赛正式开始前，宣传团队要不间断宣传报道比赛的筹备工作为球类运动会造势，待比赛正式开始时还需开展各类小活动以增强学生的参与度，吸引学生到场为运动健儿加油助威；比赛结束后还需在各大媒体平台进行宣传报道，增加比赛的影响力。同时，宣传团队还需负责整球类运动会开闭幕式的主持稿编写等工作。宣传人员需要具备摄影摄像、视频剪辑、修图、文字编辑、页面编辑及视频制作等能力。

（3）组织人员。

擅长沟通和组织的同学可报名参加球类运动会的组织工作。组织团队通常由教师指导，分小组由高年级学生担任小组负责人，大一新生是主要的执行者。比赛组织小组，主要负责组织参赛选手的选拔和比赛现场各项比赛的组织工作；后勤保障小组，主要负责各类物资保障工作，现场秩序维护等；外联组，主要负责对接各参赛选手，同时负责拉取赞助、协调后勤搬运物资，协调裁判员、表演人员各司其职等；办公小组，负责相关经费及物资的调配等。

4. 以观众身份参与。

学生以观众身份参与球类运动会时，要遵照比赛组织者和班级的统一安排，保持比赛现场的秩序，特别注意不要随意在比赛区域走动。

三、田径运动会活动

田径运动会是由团委举办的面向全体师生的一项竞技类体育运动，通过举办田径运动会促进群众体育和竞技体育全面发展，加快建设体育强国，增强学生体质；加强学生之间的交流，体现学生团结合作精神，增强团队凝聚力。田径运动会举办时间在四月份左右，全校师生均可报名参加比赛。

◎（一）举办田径运动会的目的及意义

田径运动会是学校的大型活动之一，举办田径运动会主要目的和意义体现在以下几个方面：

1. 营造氛围。

组织各类田径比赛激发学生的运动热情，促进学生身体素质的全面发展，同时还能不断提高学生的各项技能水平和运动成绩。

2. 促进交流。

田径运动会可为不同年级、不同专业的学生以及教师提供一个交流平台，有助于他们互相了解、沟通和建立联系，有利于学生拓展人际关系、提高人际交往能力。

3. 传承文化。

举办田径运动传扬坚持不懈、积极向上、敢于拼搏的精神，同时也可以培养学生不畏困难、勇往直前的精神。

4. 展示才华。

田径运动会给具有体育特长的学生提供了一个展示自我的舞台，有助于激发他们的潜能、提高自信心。特别是近几年学校招收体育专业学生后，需要给他们一个展示自我的机会，并通过比赛检验自己的成绩。

5. 团结协作。

筹备和组织田径运动会的过程需要学生团队的协作与沟通，有助于培养他们的团队精神和组织协调能力。

6. 弘扬拼搏精神。

田径运动会通常以顽强拼搏精神为主题，追求更高、更快、更远的体育精神，有助于引导学生树立积极的追求精神。

田径运动会在帮助学生增强体质、展示专业特长、排解学习压力等方面具有重要意义。举办田径运动会,可以在校园文化活动营造一个全民健身的校园文化活动氛围,激发学生强身健体、保家卫国的奋斗精神。

◎(二)田径运动会的举办形式

田径运动会分学生组和教师组,同时分个人比赛和集体比赛。田径运动会通常由团委制定比赛方案,面向师生发出邀请。体育教研室制定竞赛规则,确定比赛项目及比赛规则等。

因田径运动会有一定安全风险,比赛要求所有参赛选手、裁判员、组织人员首先要保证人员安全,在此基础上争取更好的成绩。

学生男子组:100米短跑、200米短跑、400米短跑、800米长跑、跳高、跳远、铅球,4×100米接力、4×400米接力。

学生女子组:100米短跑、200米短跑、400米短跑、800米长跑、4×100米接力、4×400米接力、跳高、跳远、铅球。(注:男子铅球5kg,女子铅球4kg)。

学生集体项目:跳大绳(10人,女生至少5人,时长为3分钟)。

教师组:100米短跑、200米短跑、跳高、跳远、铅球、跳大绳(5男5女混合项目)、滚轮胎接力(5男5女混合项目)、同舟共济(5男5女)。

比赛由体育教研室组织专业教师带领学生团队具体负责每个比赛项目的组织工作。

◎(三)学生参与田径运动会的方式

大学生参与田径运动会有多种方式,学生可结合自己的特长有针对性地选择参与方式,以达到锻炼自己社交能力、组织能力和提升自己体育技能力的目的。

1. 以运动员身份参与。

学生如果有运动特长,可以通过申请参加个人项目或集体项目比赛的形式参加运动会。运动会设预选赛和决赛，预选赛不限制报名人数，所有学生均可报名参加初选、复选。

2. 以裁判员、表演人员、啦啦队队员身份参与。

裁判员通常由熟知田径比赛规则、具有裁判经验的同学担任，经过体育教师的专业培训后持证上岗，裁判员需保持客观公正的态度，保证比赛的公平、公开、公正。为了弘扬体育文化精神，运动会开幕式、闭幕式通常会安排节目表演，同时各参赛队伍在入场时也会有节目表演，学生如果有表演特长，可申请加入表演团队。各参赛队为给参赛选手助威加油，调动现场观众的活跃气氛，通常会组建自己的啦啦队，有特长或爱好的同学可报名参加啦啦队的选拔。

3. 以组织人员身份参与。

田径运动会需要多类组织人员，学生可结合自身情况选择参加田径运动会的组织工作。

（1）策划人员。

擅长活动策划的学生可报名参加田径运动会的前期策划工作。策划团队通常由教师指导，高年级学生担任团队负责人。团队成员在教师和团队负责人的指导下发挥自己的活跃思维，结合田径运动会的基本要求和学校的体育文化特色制定田径运动会策划方案。

（2）宣传人员。

擅长活动宣传的学生可报名参加田径运动会的宣传工作。宣传团队通常由教师负责，田径运动会正式启动之前制定具体的宣传方案，在正式启动时立即开始前期的宣传工作。在比赛正式开始前，宣传团队要不间断进行宣传报道比赛的筹备工作为田径运动会造势，待比赛正式开始时还需开展各类小活动增强学生的参与度，吸引学生到场为运动健儿加油助威；比赛结束后还需在各大媒体平台进行宣传报道，增加比赛的影响力。同时，宣传团队还需负责整个运动会开闭幕式的主持稿编写等工作。要求宣传人员具备摄影摄像、视频剪辑、修图、文字编辑、页面编辑及视频制作等能力。

（3）组织人员。

擅长沟通和组织的同学可报名参加田径运动会的组织工作。组织团队通常由教师指导，分小组由高年级学生担任小组负责人，大一新生是主要的执行者。比赛组织小组，主要负责组织参赛选手的选拔和决赛现场各项比赛的组织工作；后勤保障小组，主要负责各类物资保障工作，现场秩序维护等；外联组，主要负责对接各参赛选手，同时负责拉取赞助、协调后勤搬运物资，协调裁判员、表演人员各司其职等；办公小组，负责相关经费及物资的调配等。

4. 以观众身份参与。

田径运动会观众不限于大一新生，高年级的学生同样可以参与，去感受激烈的比赛气氛。学生以观众身份参与田径运动会时，要遵照比赛组织者和班级的统一安排，保持比赛现场的秩序，特别注意不要随意在比赛区域走动。

四、迎新晚会活动

迎新晚会是在大一新生进校后由学校团委主办的一场综合性文化表演活动，通过举办迎新晚会表达学长及教师对大一新生的热忱欢迎。迎新晚会通常在新生进校后由高年级学生带领大一新生一起参与组织、表演等。举办时间在11月，参与学生以大一、大二年级学生为主，晚会通常在足球场举行，到场观众数千人。

◎（一）举办迎新晚会的目的及意义

迎新晚会是学校的大型活动之一，举办迎新晚会主要目的和意义体现在以下几个方面：

1. 营造氛围。迎新晚会通过组织丰富多彩的文艺表演活动，为新生营造轻松愉快的氛围，帮助他们更好地融入新环境，建立友谊。

2. 促进交流。迎新晚会为不同年级、不同专业的学生提供了一个交流平台，有助于他们互相了解、沟通和建立联系。这对于新生拓展人际关系、提高人际交往能力具有积极意义。

3. 传承文化。迎新晚会通常包含学校的历史、传统和特色文化元素，通过展示学校的文化魅力，激发新生对学校文化的认同感和归属感。

4. 展示才华。迎新晚会为有才艺的学生提供了一个展示自我的舞台，有助于激发他们的潜能、提高自信心。

5. 团结协作。筹备和组织迎新晚会的过程需要学生团队的协作与沟通，有助于培养他们的团队精神和组织协调能力。

6. 弘扬正能量。迎新晚会通常以积极向上精神为主题，强调团结、友爱、互助等正能量，有助于引导新生树立正确的价值观和人生观。

迎新晚会在帮助学生融入新环境、促进交流与合作、传承文化、展示才华等方面具有重要意义。通过举办迎新晚会，学校可以为新生营造一个温馨、和谐的校园文化氛围，为他们的成长和发展奠定良好基础。

◎（二）迎新晚会活动的举办形式

迎新晚会是以文化表演为主的一种舞台表演活动，通常由团委制定活动方案，确定活动的主题、时间及地点等，并面向师生发出邀请。

晚会要求所有参赛节目必须能够展现积极健康的精神，作品需富有创造性、表达性，并有一定的思想性、艺术性和观赏性。表演形式不限、类别不限。参赛节目主题明确，队员精神面貌好，衣着整齐大方，进出场纪律好。

节目类型：声乐方面，含通俗、民族、美声、独唱、合唱等；舞蹈方面，含民族舞、古典舞、现代舞、街舞、拉丁舞等；器乐方面，含民族乐器、西洋乐器；乐队表演、合奏、独奏及重奏等；语言方面，含话剧、小品、相声、朗诵、舞台剧、脱口秀、B-box 等。

除此之外，迎新晚会鼓励能展现中国传统文化的节目积极参与表演，如中华武术表演、戏曲等。

◎（三）学生参与迎新晚会的方式

大学生参与迎新晚会有多种形式，学生可结合自己的兴趣爱好和特长有针对性地选择参与方式，以达到锻炼自己社交能力、组织能力和提升自己文化素养的目的。

1. 以演出人员身份参与。

学生如果有文化表演特长，可以通过申请个人节目或组队申请团队节目的形式参加迎新晚会表演。晚会通常选拔 12～15 个节目参加正式表演，但晚会不限制报名人数和团队，所有学生或团队均可报名参加初选、复选。

2. 以组织人员身份参与。

迎新晚会需要多类组织人员，学生可结合自身情况选择参加迎新晚会的组织工作。

（1）策划人员。

擅长活动策划的学生可报名参加迎新晚会的前期策划工作。策划团队通常由教师指导，高年级学生担任团队负责人。团队成员在教师和团队负责人的指导下发挥自己的活跃思维，结合学校的历史文化底蕴、办学特色和新一代大学生的兴趣爱好制定迎新晚会策划方案。

（2）宣传人员。

擅长活动宣传的学生可报名参加晚会的宣传工作。宣传团队通常由教师负责，活动正式启动之前制定具体的宣传方案，在正式启动时即刻开始前期的宣传工作，晚会结束后还需在各大媒体平台进行宣传报道，增加晚会的影响力。同时，宣传团队还需负责整个晚会的 PPT 及音视频制作、播放工作。宣传人员需要具备摄影摄像、视频剪辑、修图、文字编辑、页面编辑及视频制作等能力。

（3）组织人员。

擅长沟通和组织的同学可报名参加晚会的组织工作。组织团队通常由教师指导，分小组由高年级学生担任小组负责人，大一新生是主要的执行者。

节目组织小组，主要负责组织节目选拔和晚会现场各节目上下场的组织工作；后勤保障小组，主要负责各类物资保障工作；外联组，主要负责对接各节目团队，同时负责拉取赞助、协调后勤搬运物资、协调化妆师安排化妆等；办公小组，负责相关经费及物资的调配等。

3. 以观众身份参与。

如果没有时间参与迎新晚会的组织工作，还可以以观众的身份参加迎新晚会。迎新晚会的观众不限于大一新生，高年级的学生同样可以参与，去感受不一样的文化视觉盛宴。学生以观众身份参与迎新晚会时，要遵照晚会组织者和班级的统一安排，保持晚会现场的秩序。

【案例分享】

绵阳城市学院校园文化活动管理办法

第一章 总则

第一条 高等学校校园文化活动是社会主义先进文化的重要组成部分。加强校园文化活动建设，提高校园文化活动水平，对于推进高等教育改革发展、加强和改进大学生思想政治教育、全面提高大学生综合素质，具有十分重要的意义。为维护我院正常的学习、生活秩序，保障学生校园文化活动健康、有序地开展，结合我院实际，特制定本办法。

第二条 学院校园文化活动的总体要求是：坚持社会主义先进文化的发展方向，遵循文化发展规律，借鉴吸收人类文明有益成果，以实施科学文化素质教育为基础，以建设优良的校风、教风、学风为核心，以优化校园文化环境为重点，以树立正确的世界观、人生观、价值观为导向，弘扬主旋律，突出高品位，加强管理，注重积累，努力建设体现时代特征和学院特色的校园文化活动，不断满足大学生日益增长的精神文化需求，为培养社会主义合格建设者和可靠接班人提供强大的精神动力，使学院成为发展中国特色社会主义先进文化的重要基地、示范区和辐射源。

第三条　学院校园文化活动的主要任务是：以理想信念教育为核心，深入进行树立正确的世界观、人生观和价值观教育；以爱国主义教育为重点，深入进行弘扬和培育民族精神教育；以基本道德规范为基础，深入进行公民道德教育；以大学生全面发展为目标，深入进行素质教育。培育良好的教风和学风，形成对教职工具有凝聚作用、对学生具有陶冶作用、对社会具有示范作用的优良校风。积极开展校园文化活动，把德育与智育、体育、美育有机结合起来，寓教育于文化活动之中，促进大学生思想道德素质、科学文化素质和健康素质协调发展。

第四条　学院校园文化活动的基本原则

1. 弘扬健康向上的精神，坚持正确的政治方向，高扬爱国主义、集体主义和社会主义主旋律，抵制腐朽思想和不良文化现象的侵蚀和影响，用格调高雅、内容健康的校园文化活动丰富学生的课余文化生活。以提高学生综合素质为目的，以培养学生的科学精神和创新实践能力为重点，营造健康、高雅的文化氛围和良好的育人环境，提高学院的文化品位和格调。

2. 内容丰富、形式新颖、吸引力强。努力把德育、智育、体育、美育渗透到校园文化活动之中，使大学生在活动参与中受到潜移默化的影响，思想感情得到熏陶、精神生活得到充实、道德境界得到升华。

3. 全院以学院大型活动为示范，逐步锻造精品活动，形成品牌效应。各院以小型多样的活动为主体，逐步形成结合专业教育的特色活动。

4. 学生举办校园文化活动必须遵守国家法律法规和校规校纪，有利于学生的身心健康和全面发展，有利于推动学院校园文化活动的良性开展。

5. 校园文化活动一般安排在课余时间、双休日进行，不影响正常教学秩序。

6. 校园文化活动不得以营利为目的（学校批准收费的项目除外），任何组织单位不得在学生校园文化活动组织过程中收取"参赛费""组织费"等名目的任何费用。

7. 校园文化活动主办单位要统一规划，安全有序，合理安排。有关主办、承办单位要精心组织，明确责任，制定活动安全方案，提前三天报保卫部备案或进行联合安全检查确保安全有序，防止意外事故发生。

8. 大型校园文化活动组织单位要制定突发事件工作预案，加强现场秩序维护，加强安全管理。

第五条 本办法所称的学生校园文化活动包括：非课程教学计划内，由学生组织、学生个人举办的各种文化活动和集体活动，包括在学院公共场所或在院外举办的各种思想教育活动、文化活动、体育活动、实践活动、志愿服务活动、报告会、讲座、竞赛、素质能力培训班、学习班和其他在院内外有重大影响的活动等。

第六条 学生校园文化活动实行学院、专业学院两级管理模式，本着谁主办谁负责的原则开展活动。

学院成立校园文化活动领导小组负责全院校园文化活动的统一规划和管理，具体指导校园文化活动的开展。

第二章 校园文艺活动的管理

第七条 我院各教学单位、党团组织、学生会，可以在校内面向全院学生举办文艺活动，包括文娱活动、体育活动、实践活动、志愿服务活动、报告会、讲座、知识竞赛和其他在校内外有重大影响的活动等。

集会、游行类活动必须按照有关法律审批程序报批后方可进行。

学生社团活动原则上在本社团内部开展，面向全院的活动或与校外组织开展活动必须经审批同意后方可进行。

第八条　组织单位须自组织活动之日起提前一周向主管部门提出申请，申请时应提供以下材料：

1. 举行活动的目的、内容、方式、主办单位；

2. 举行活动的时间、地点、规模、参加人员构成；

3. 活动的安全保障措施、安全责任人（一般是单位分管学生工作的领导或部门分管安全的领导）；

4. 单位对于举办活动的意见；

5. 其他需要说明的情况，包括需要学院协调解决的问题。

第九条　主管部门应在收到申请书之日起三个工作日之内做出有关是否同意举行的审批决定。

第十条　校园文化活动审批单位对同意举办的活动发放《校园文化活动许可证》，管理部门在检查时以许可证为依据，没有办理许可证的活动要坚决予以取缔。

1. 在学院内外举行的各类校园文艺活动，由举办单位负责审批和管理，报学校团委及后勤管理中心备案。

2. 学生个人不能私自组织各种校园文化活动，学生个人组织活动鼓励学生个人挂靠学生组织举行。如果需要举行个人才艺展示或爱好兴趣展示的学生，需要事前向所在专业学院申请，经批准后方可进行。审批同意的单位负责活动的安全和秩序。涉及使用上述场地的按照上述规定执行。

第十一条　校园文化活动的管理本着"谁主办、谁负责"的原则，活动本身的秩序和安全由举办单位负责，活动外围的安全和秩序由保卫部负责。

第三章 各类素质类培训班及学习班的管理

第十二条 经过审批，学院或有关职能部门可以面向学生举办素质类培训班、学习班。学生班级和个人不得组织此类活动。

第十三条 培训班、学习班应以服务同学为宗旨，为在校学生搭建形式多样的综合素质发展平台，不得以营利为目的。

第十四条 举办学生素质类培训班、学习班、专业资格认证培训班和英语过级培训班的单位需在举办之日起提前两周向继续教育中心提出申请，并提供以下材料：

1. 举行培训班、学习班的时间期限、地点、规模、活动计划及对象；
2. 授课人员的情况介绍；
3. 主办单位意见；
4. 财务收支计划及管理办法；
5. 其他需要说明的情况。

第十五条 因举办培训班、学习班需借用教室及其他校内场所、物资者，须持有审批单位批准的申请书到有关单位办理租借手续。有关单位按照学院有关规定予以审核并指定活动教室或其他活动场所。

第十六条 主管部门应在收到申请书之日起一周内做出有关审批决定。

第十七条 组织单位须在各类竞赛、培训班、学习班结束后一周内，向主管部门提交办班的详细情况总结报告及财务收支结算明细表备案。

第十八条 举办培训班的单位要确定安全责任人，确保办班期间学员的活动有序、安全进行。

第四章　邀请活动的管理

第十九条　学生组织经审批可以邀请校外专家、教授和其他专业人士、社会名流、校友等来校举行公开讲座、报告、演出、展览等活动。学生个人不得举行上述活动。

第二十条　组织单位需在发出正式邀请之日起提前一周向院党委宣传部门提出申请，经批准后方可向对方发出邀请，由组织单位负责接待安排。申请时须提供以下材料：

1. 邀请活动的地点、时间及主要内容。
2. 参加邀请活动的人员规模及范围。
3. 拟邀请人员的情况简介和其他资质证明；学生组织不邀请宗教人士进行活动，涉及人文、社会、政治类的邀请活动由党组织宣传部门审核后报学院主要领导或分管领导批准。
4. 教学单位由分管领导签署意见，其他学生组织由主管部门签署意见，学生社团（协会）由挂靠单位签署意见。
5. 其他需要说明的情况。

第二十一条　经批准的邀请活动需借用教室及其他校内场所、物资者，须持有主管部门批准的申请书到有关单位办理手续。

第五章　校外文化体育活动的管理

第二十二条　凡我院在籍的学生进行校外活动（列入教学计划的集体劳动、校外实习和社会实践活动除外），均应由活动的组织者按本办法中规定的校园文化活动的审批程序进行。未经批准的活动都不得组织和实施。学生进行校外活动，原则上应限定在本市城区或市郊以内，能当天往返学院。

第二十三条　学生进行活动时应牢固树立"安全第一"的意识。活动主题应有鲜明的时代特征和思想内容，能鼓舞大学生积极进取、陶冶情操、增长知识、奋发向上。

第六章　募捐活动的管理

第二十四条　募捐活动是广大师生弘扬中华民族传统美德、真情助困的爱心行为，应以切实帮助解决同学困难为宗旨，有组织、有秩序地进行。

第二十五条　国家或上级党委政府因国内外重大灾害等事件发出募捐倡议或学院确定进行募捐活动的，由学院统一组织实施。面向教职工的募捐由学院委托学院工会通过工会系统进行募集。面向学生的募捐，在分院范围内进行募捐的由分院团总支组织备案；在全院范围内进行募捐的由分院团总支组织，报学校团委备案。

因在校学生生病、家庭变故或其他突发事件需要通过募捐筹集必要资金的，由学生所在专业学院写出详细情况说明和申请，报学生工作处审核，由学院分管学生工作的领导审批同意后由申报单位组织实施。

因在校教职工生病、家庭变故或其他突发事件需要通过募捐筹集必要资金的，由教职工所在单位写出详细情况说明和申请，报学院工会审核，由学院分管工会工作的领导审批同意后由申报单位组织实施。

第二十六条　经过审批，院内各单位可以面向全校教师和学生举行募捐活动；学生班级和个人不得组织此类活动；学校团委制作专门用于捐款活动的捐款箱供组织单位在进行募捐活动时使用；募捐活动由审批单位统一规范管理。

第二十七条　拟举办募捐活动的组织单位应在举办之日起提前五日

向有关单位提出申请，同意后方可进行，并报保卫部备案。申请时应提供以下材料：

1. 募捐活动拟进行的时间期限、地点、规模及募捐对象；
2. 受助人员的情况介绍；
3. 主办单位详细工作计划和人员分工；
4. 捐款管理办法；
5. 其他需要说明的情况。

第二十八条　经审批同意进行的募捐活动必须在指定地点有序进行。为确保正常教育教学秩序，严禁私自在办公楼、教学楼、实验楼等进行募捐活动，严禁流动募集、强迫捐款、强制摊派等不文明募捐行为。

第二十九条　有关单位应在收到申请之日起两日内做出有关审批决定。

第三十条　组织单位须在捐款结束后一周内，向学校团委或工会提交活动情况报告及捐款资金使用情况说明。捐款结束后在学院内张榜公示，主动接受全校师生的监督。

第三十一条　举行捐款的单位要确定安全责任人，确保捐款活动有序、安全进行。

第七章　涉外活动及涉及民族问题的活动

第三十二条　拟邀请外籍人员或港澳台同胞来院参加活动或我院学生拟参加国际组织和港澳台地区有关组织的活动，组织者或参加者须在发出或接受正式邀请之日起提前一周向绵阳城市学院院办提出申请，经批准后方可正式邀请或接受邀请。

第三十三条　涉及民族等方面的活动，组织者须报请党组织统战部门审查后报分管院领导审批，并提交活动的时间、地点、内容和涉及民族等问题的情况，经批准后方可举办。

第八章　校园文化活动的宣传管理

第三十四条　凡在学院内举行各种活动需进行宣传的，经过审批后方可进行。

第三十五条　各单位在使用横幅、展板、招贴画、告示进行宣传活动的由单位负责人负责审查内容和版式，保证展出品的整洁和美观，并在活动结束时及时撤除。

第三十六条　需要聘请校外媒体进行宣传报道的必须经过学院办公室审批同意。

第三十七条　学院鼓励学生通过多种渠道筹集活动经费。筹集到的经费要严格财务管理，合理开支。

第三十八条　院内原则上不进行纯商业宣传活动。主办单位需要在学生活动中进行商业宣传的，组织单位要将宣传方案提前三天向学校团委提出申请，经学校团委同意后并按照统一规划进行宣传，宣传方案报党组织宣传部门备案。

第三十九条　其他宣传管理按照学院宣传管理办法执行。

第九章　责任承担与违纪处罚

第四十条　学生校园文化活动的行为应符合学院的有关规定。

第四十一条　学生校园文化活动的组织单位负责人对活动的内容、秩序、安全及结果负责。

第四十二条　凡违反本办法有关规定举办活动的，主管部门有权视

违纪具体情况,给予如下相应处理:

1. 责令停止举办活动。

2. 对活动组织者和主要责任者进行批评教育或根据学院相关办法给予处理。

3. 对于违反国家法律法规的移送司法部门追究法律责任。

第十章　附则

第四十三条　本办法自 2022 年 9 月 1 日起实施。

第四十四条　本办法由学生工作处负责解释。

第三节　绵阳城市学院特色校园文化活动案例分析

为贯彻新时代国家建设对"多专多能"型人才的培养要求,坚持立德树人根本任务,深化学校综合改革,推进"三全育人"综合改革试点工作,全面落实"3331"[1]人才培养方案,表彰先进,树立典范,激励"绵城学子"勤奋学习、争先创优、奋发有为,绵阳城市学院开展了"荣耀绵城"颁奖盛典、"绵城精英"奖学金颁发、春季田径运动会、心理情景剧等一系列校园文化活动。

---

[1] 学校深入分析社会人才需求市场,探索形成了"三段式培养、依托三大平台、构建三类课程体系、完成一个特色建设"的"3331"人才培养模式和体系,使学生学会利用工程思维与所学的理论、知识和方法去认识新情境、解决新问题。

案例一 "荣耀绵城"颁奖盛典

一、活动背景

为进一步巩固学校"三全育人"工作成效,把以"自我教育、自我管理、自我价值体现"为主题的"三自教育"管理体系贯穿于学生管理中,调动全校学生比学赶超的积极性,推动学生自主管理建设工作全面深入、可持续发展,绵阳城市学院特在每年6月举办学年"荣耀绵城"颁奖盛典活动。

二、评审对象

全体全日制在校学生。

三、奖项设置

表6-1 2023年"荣耀绵城"奖项设置

奖项称号	表彰人数	负责部门
绵城之星	实际获奖数	学生处
创业先锋	实际产生数	现代产业学院
绵城通才	实际获奖数	校团委
竞赛先锋	实际产生数	现代产业学院
创新先锋	实际产生数	科技处
绵城楷模	实际产生数	学生处
考研牛人	实际产生数	现代产业学院
团学之星	10人	校团委
志愿先锋	10人	校团委
绵城学霸	实际产生数	教务处
十佳班委	10人	学生处
自治先锋	10人	校团委

四、评审办法

表 6-2　2023 年"荣耀绵城"评审办法

奖项称号	评审办法
绵城之星	考核期内获得国家奖学金，由学生资助管理中心负责审核
创业先锋	成功注册公司且考核期内产值超 50 万元，由现代产业学院负责审核
绵城通才	考核期内获得大学生综合素质 A 级证书，由团委负责审核
竞赛先锋	考核期内获得省级竞赛一等奖及以上奖项，比赛项目以学校公布的名单为准，由现代产业学院负责审核
创新先锋	考核期内成功申请专利、发表核心期刊论文，由科技处负责审核
绵城楷模	考核期内获得绵阳市三好学生、优秀学生干部称号，由学生工作处负责审核
考研牛人	考核期内考入"双一流"大学，由现代产业学院负责审核
团学之星	校级学生组织 4 名、现代技术学院（原建筑工程学院、原信息与控制工程学院、原艺术与设计学院、原鼎利学院）4 名、现代服务学院 1 名、现代商学院 1 名，由各单位自行组织评选、团委负责审核
志愿先锋	考核期内根据《志愿先锋量化考核表》核算总得分前 10 名，由党总支负责审核
绵城学霸	入学以来平均学分绩点位于：400 人以内专业第一名，400～800 人专业前两名，800 人以上专业前三名，由教务处负责审核
十佳班委	现代技术学院（原建筑工程学院、原信息与控制工程学院、原艺术与设计学院、原鼎利学院）6 名、现代服务学院 2 名、现代商学院 2 名，由各单位自行组织评选、学生工作部（处）负责审核
自治先锋	校级学生组织 4 名、各学生生活社区 1 名，由各单位自行组织评选、团委负责审核

五、评审条件

1. 基本条件：具有坚定正确的政治方向，坚持党的基本路线，道德品质优良，遵纪守法，有良好的行为习惯和思想道德品质。

2. 有正确的理想信念，自觉践行社会主义核心价值观；团结同学，乐于助人；与人为善，乐于交流，善于沟通。

3. 勤奋学习，成绩优异，具有良好的心理素质和自我调控能力，积极参加社会实践和文化科技活动。

4. 申报者需为我校在籍全日制学生，每个申报者仅限申请一项"荣耀绵城"奖项。

5. 有下列行为之一不能申报。

（1）毕业年级学生未达到毕业要求者；

（2）2022年5月15日—2023年5月14日期间有违规违纪等不良记录。

六、评审程序

1. 个人申请。

符合申请条件的学生按要求填写《"荣耀绵城"奖项申报表》，相关证明材料需提供原件供辅导员现场查验。

2. 党总支审核。

辅导员查验无误后签字确认并报分院党总支审核，党总支审核无误后由相关负责人签字确认，并将结果通过网络及公告栏等形式在分院或社区内进行不少于三个工作日的公示，公示无异议后报送至党委学生工作部评审。

3. 党委评审。

党委学生工作部负责对学生及党总支报送的材料进行审核，审核无误后将结果在学生工作处网站及学生活动中心公告栏进行不少于三个工作日的公示。

七、活动效果

绵阳城市学院于2023年6月6日和8日晚先后在游仙校区、安州校区举办了2022—2023学年度"荣耀绵城"颁奖盛典活动。全体校领导、各二级学院院领导、各职能部门负责人、师生代表6000余人参加典礼。本次颁奖晚会设有"荣耀绵城"奖项和"绵城精英"奖学金颁发两大环节,其中"荣耀绵城"设有绵城之星、创业先锋、绵城通才、竞赛先锋、创新先锋、绵城楷模、考研牛人、团学之星、十佳班委、自治先锋、志愿先锋、绵城学霸十二个奖项,"绵城精英"设置特等奖和一、二、三等奖。在经过个人申请、辅导员推荐、分院审核公示和学校各相关部门复核等环节后,共计300余名优秀学子获得表彰。

第六章 绵阳城市学院校园文化活动

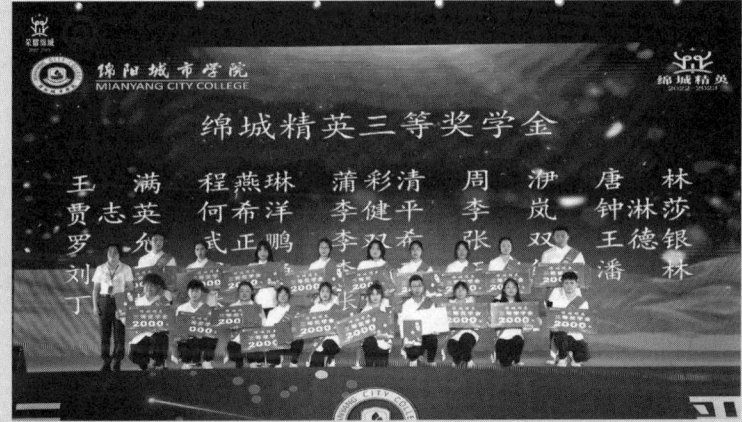

图 6-1 "荣耀绵城"颁奖盛典组图

案例二 春季田径运动会

一、活动背景

为全面贯彻执行党的教育方针，大力营造"促进群众体育和竞技体育全面发展，加快建设体育强国"的校园文化活动氛围，加强同学之间的交流，体现学生团结合作的品质，增强班级凝聚力，传播积极能量，丰富同学们的大学课余生活，增强学生体质。由绵阳城市学院学工服务中心主办，共青团绵阳城市学院委员会、绵阳城市学院学生会承办，绵阳城市学院工会、绵阳城市学院现代服务学院、绵阳城市学院各学生生活社区协办，绵阳城市学院2023年春季运动会定于4月23日、24日在学校运动场举行，现将竞赛规程及报名表印发，请各部门按要求积极组队参赛。

二、参赛单位

1. 学生组。

游仙校区：游仙第一生活社区、游仙第二生活社区、游仙第三生活社区（各单位分男、女组队）。

安州校区：安州第一生活社区、安州第二生活社区、安州第三生活社区（各单位分男、女组队）。

2. 教工组。

教工组：以各分工会为参赛单位（行政工会、现代工程学院工会、现代服务学院工会、现代经济学院工会），各分工会分男、女组队。

三、比赛项目

学生男子组：100米、200米、400米短跑，800米长跑，4×100米接力跑，4×400米接力跑，跳高、跳远、铅球（九项）。学生女子组：100米、200米、400米短跑，800米长跑，4×100米接力跑，4×400米接力跑，

跳高，跳远，铅球（九项）。（注：男子铅球5kg，女子铅球4kg）

学生混合项目：跳大绳（10人，其中女生至少5人，时长为3分钟）。

教工组：100米短跑、200米短跑、跳高、跳远、铅球、跳大绳（5男5女混合项目）、滚轮胎接力（5男5女混合项目）、同舟共济（5男5女）。

四、报名办法

1. 运动员必须是我校在籍全日制学生及在编教职员工（各单位负责参赛人员的健康检查，所有参赛运动员须签署运动员安全承诺书）。

2. 学生组各社区每个单项限报8人，每人限报2项（集体项目除外）；接力项目各社区限报2队，跳大绳项目各社区限报2队，每队限报10人（其中女生至少5人，时长为3分钟）。

3. 教工组各参赛队各单项限报3人，每人限报2项（集体项目除外）；集体项目各项限报10人（男子5人、女子5人）。

如有报名参赛人数不符合竞赛要求，大会编排组可根据实际情况做出调整（请各单位报名前认真审核）。

五、竞赛办法

1. 按国家最新田径规则执行，趣味集体类项目按各项竞赛规则执行。

2. 学生组所有单人项目先进行预赛，再按成绩取前6名进行决赛。

3. 各项比赛均提前30分钟到检录处进行检录。

4. 不得冒名顶替（参加比赛时，参赛运动员必须出示本人有效证件，学生证、身份证均可），违者一经查出成绩无效。

六、计分名次及奖励办法

1. 各单项学生组录取前六名颁发证书，前三名另颁发奖牌和奖金。第一名：80元。第二名：60元。第三名：50元。如该项目人数未达到开赛要求，则取消该比赛项目；如参赛选手破校纪录，额外奖励50元，如同一项目中有多人次破校纪录以最新纪录为准进行奖励。

2. 教工组各单项奖励前三名。第一名：500元。第二名：300元。第三名：200元。集体项目奖励前三名。第一名：1200元。第二名：1000元。第三名：800元。

3. 评选"优秀组织奖"2名（两校区各1名），根据各社区参赛精神面貌、风采展示、观众组织、赛场纪律、出勤率、现场卫生等情况，由运动会工作组评定、大赛组委会决定颁发奖牌。

七、活动效果

2023年4月23日至24日，学校第十五届运动会在两个校区体育场举行，全校800余名师生参加了17个运动项目的比赛，经过两天的激烈角逐，有6个项目打破学校纪录。开幕式期间，由各社区组织的表演队通过多种形式进行了表演，展现了当代大学生的青春风采。在同学们的欢呼声中，本届运动会也落下帷幕。本届运动会加强了师生终身体育的观念，弘扬了"更高、更快、更强、更团结"的新奥林匹克精神，运动健儿们顽强拼搏、公平竞争，赛出风格、赛出水平、赛出友谊。希望绵城全体师生能养成坚持体育锻炼的良好习惯，保持健康快乐、积极向上的生活和学习态度，以更加强健的体魄、更加良好的风貌，推动学校体育工作再上新台阶，为建设健康校园文化活动做出新的贡献。

图 6-2　2023 春季田径运动会组图

案例三 心理情景剧

一、活动背景

2004年，教育部、团中央、全国学联办公室向全国大学生发出倡议，把每年的5月25日定为全国大学生心理健康日。"5·25"的谐音即为"我爱我"，提醒大学生"珍惜生命，关爱自己"。大学生是十分宝贵的人才资源，是民族的希望，是祖国的未来。然而在竞争激烈的当代社会，大学生普遍面临着越来越多的人际交往、情感、学业负担、择业就业等问题，"心理健康状况"已成为制约大学生成长成才的重要因素之一。因此，结合我校全纳教育理念，营造人人参与、师生协同促进的大学生心理健康教育氛围，提高大学生心理健康素质是一项重要任务。

二、活动主题：悦己、自信、互助，成为更好的自己

三、活动对象：绵阳城市学院全体师生

四、参赛要求

1. 节目时长：10～15分钟，不超过15分钟。

2. 团队人员：15人以内。

3. 剧本主题：参赛剧目务必原创，字数不限，主题自定，主题需符合社会主义核心价值观，贴近大学生生活实际，突出心理冲突及其解决办法，充分表现大学生心理成长过程，健康生动，给人以启迪。

在赛前，原创剧本需提交一份纸质版材料，供评委评分。

以社区为单位进行选拔，每区1支队伍，心理中心1支队伍，共7支队伍。表演要注重表演艺术与心理学知识和理论的结合，形式不限，可采用话剧、小品、音乐剧、歌舞剧等。

五、奖项设置

一等奖1名、二等奖1名、三等奖1名、最佳剧本奖、最佳表演奖。

六、学分奖励

社区推选：4学时/队；获奖：前三名计12学时，其余奖项计8学时。

七、活动效果

为加强心理文化建设，宣传心理健康知识，提高大学生心理健康素质，在"5·25"全国大学生心理健康日当天，我校以"悦己、自信、互助，成为更好的自己"为主题的首届心理情景剧大赛决赛在安州校区举行，游仙校区守正书院报告厅同步转播。学校相关职能部门负责人、全体辅导员和各社区相关人员及学生代表共3000余名师生观看了比赛。

七个心理情景剧剧目紧扣"悦己、自信、互助，成为更好的自己"大赛主题，寓教于剧、融情于景，精彩纷呈，各具特色。会演结束后，特邀评委西南科技大学心理咨询中心教师就剧本的选题、表演技巧、舞台效果等方面对参赛作品做了精彩点评，并对我校首届心理情景剧大赛活动给予了高度的评价和肯定。

首届心理情景剧在观众的掌声中圆满落下帷幕，本次活动为学生提供了表现自我的舞台，展现了我校大学生的昂扬向上的精神风貌和心理世界；同时也启发了学生对于不同心理主题的认识和思考，宣传了心理健康知识，提高了学生心理自助与互助的能力；此外，也塑造了多元、开放、包容的校园文化活动心理文化氛围，为进一步提升我校心理育人工作实效做出了积极的贡献。

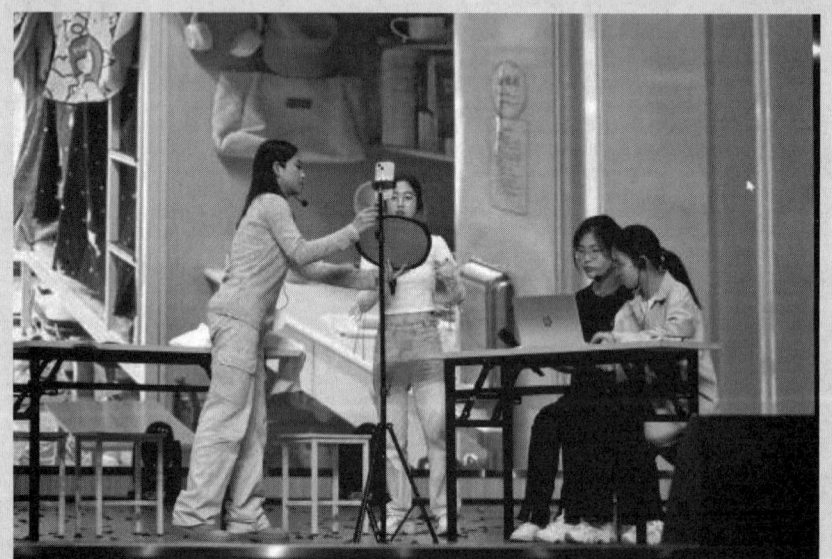

图 6-3 2023 心理情景剧组图